진짜 하루만에 이해하는
정유·석유화학 산업

원데이클래스

진짜 하루만에 이해하는
정유·석유화학 산업

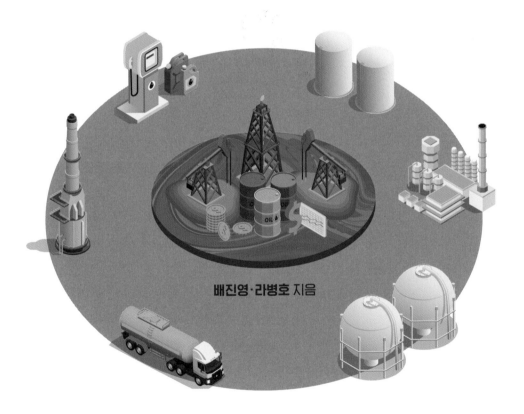

배진영·라병호 지음

T.W.I.G
티더블유아이지

석유, 경제를 움직이는 원동력

"국제 유가가 배럴당
100달러를 돌파했습니다"

우리는 하루에도 몇 번씩 유가와 관련된 뉴스를 접합니다. 유가의 변동에 따라 주식 시장이 요동치는 일도 자주 발생하죠. 국내·외 경제가 유가의 영향을 크게 받기 때문에 많은 사람들이 유가 변동에 민감하게 반응하고 있습니다.

석유를 기반으로 하는 산업은 크게 두 가지가 있습니다. 자동차나 비행기, 선박의 연료(에너지)를 생산하는 정유 산업과 합성 수지(플라스틱), 합성 섬유, 합성 고무, 정밀화학 제품을 생산하는 석유화학 산업입니다. 한국은 석유가 한 방울도 나지 않지만, 세계 5~6위권에 위치한 정유·석유화학 강국입니다. 단일 공장 기준으로 전 세계에서 가장 큰 정유 공장 6곳 중 3곳이 한국에 위치해 있으며, 석유화학 제품은 국내 3위의 수출 품목입니다.

(단위: 천 배럴)

순위	국가	기업명	일일 원유 정제 능력
1	인도	잠나가르 (Jamnagar Refinery)	1,240
2	베네수엘라	파라구아나 (Paraguana Refinery Complex)	971
3	아랍에미리트	루와이스 (Ruwais Refinery)	922
4	한국	SK에너지 울산 공장	840
5	한국	현대오일뱅크 대산 공장	690
6	한국	에스오일 온산 공장	669
7	나이지리아	단고트 (Dangote Refinery)	650
8	싱가포르	주롱아일랜드 (Jurong Island Refinery)	593
9	미국	갤버스턴베이 (Galveston Bay Refinery)	592
10	미국	게리빌 (Garyville Refinery)	585

(억 불)

구분	반도체	자동차	석유화학	일반기계	철강
수출액	1,292	774	543	511	384

| 단일 공장 기준 일일 원유 정제 능력과 2022년 기준 한국의 주요 수출 품목 순위 |

어렵게만 느껴지는 정유·석유화학 공부

이처럼 정유·석유화학 산업이 한국 경제에서 큰 비중을 차지하고 있지만, 우리는 이 두 산업을 너무 모릅니다. 심지어 정유 산업과 석유화학 산업이 어떻게 다른지조차 알지 못합니다. 뉴스와 리포트, 전공 서적 등을 찾아보면서 정유·석유화학 산업을 이해해보려고 노력하지만 이내 NCC, 올레핀, 테레프탈산(TPA), 방향족, ABS, HDPE, 크래킹(Cracking), 수첨 분해, 정제 마진 등 수많은 용어들에 압도당하고 맙니다. 어떤 것이 기술 용어이고, 무엇이 제품과 원료인지 구분하는 것조차 버겁습니다.

정유·석유화학 공부, 도대체 어떻게 해야 하는 걸까요?

큰 그림부터 이해해야 합니다. 숲을 알지 못한 채 나무만 봐서는 답이 나오지 않습니다. 이는 마치 세계 지도가 있으면 각 나라별 관계와 구조를 쉽게 파악할 수 있지만, 세계 지도가 없으면 나라별로 아무리 공부해도 전체적인 개념이 잡히지 않는 것과 같습니다.

『진짜 하루만에 이해하는 정유·석유화학 산업』은 이러한 기획 의도 아래 탄생했습니다. 비전공자도 산업의 큰 그림과 핵심 개념을 이해할 수 있도록 어려운 용이들을 과감히 배세하고, 다양한 예시와 실제 사례를 바탕으로 최대

한 쉽게 풀어서 설명했습니다.

　이 책이 정책가에게는 정책방향의 나침반으로, 사업가와 투자가에게는 기회와 리스크를 들여다보는 좋은 현미경으로, 취업을 고민하는 취준생에게는 진로를 탐색하는 내비게이션으로의 역할을 충실히 할 수 있길 바랍니다.

　그럼, 지금부터 저와 함께 정유·석유화학 세상으로 여행을 떠나보시죠!

PART 02 정유 산업을 이해하기 위한 화학 기초

PART 03 정유 산업 한눈에 이해하기

PART 06 석유화학 산업 한눈에 이해하기

PART 07 석유화학 기업 정리 & 나아가는 방향

1. 원유, 한눈에 이해하기

원유, 구석구석
살펴보기

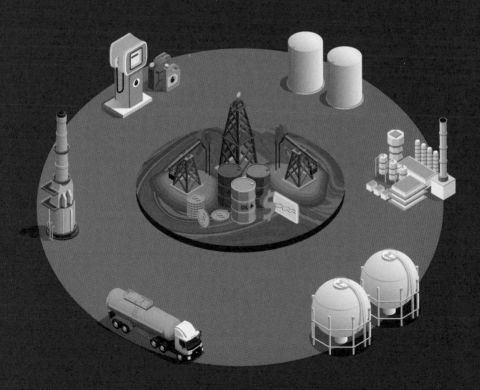

원유(Crude oil)는 여러 물질이 혼합된 검은색의 끈적한 액체입니다. 원유에는 불순물이 섞여 있어 그 자체로는 사용이 어렵습니다. 그래서 불순물을 제거하는 과정을 거칩니다. 이 과정을 거쳐야 비로소 우리가 사용하는 석유(Petroleum)가 됩니다. 원유, 석유를 같은 의미로 사용하는 경우가 많은데 엄밀히 따지면 이 둘은 다릅니다. 막 뽑아낸 정제되지 않은 액체가 원유이고, 원유에서 불순물을 제거한 것이 석유입니다. 정유·석유화학 산업을 공부하기 전, 그 근간이 되는 원유의 이모저모를 자세히 알아보는 시간을 가져보겠습니다.

원유, 한눈에
이해하기

원유의 생성 과정

원유의 기원에는 정설이 없습니다. 여러 가설* 중에 유기기원설이 가장 유력하게 이야기되고 있죠. 유기기원설은 다음과 같습니다.

약 5억 년 전, 기후가 따뜻해지면서 바다와 호수에 수많은 동식물이 등장

---

* 무기기원설, 자연발생설 등 여러 가설이 있습니다.

했습니다. 이 생물들이 죽은 후, 그 사체는 바다와 호수 밑에 가라앉았죠.

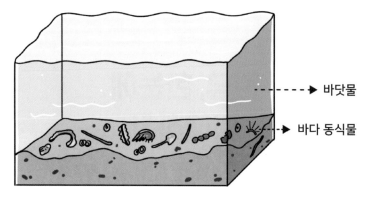

┃ 그림 1-1. 수많은 동식물의 사체가 바다와 호수 밑에 가라앉는다. ┃

그리고 그 위로 흙과 모래가 계속 쌓였습니다. 이렇게 몇백만 년 동안 흙과 모래가 쌓이면 시체는 바다 밑 수천 미터의 깊은 땅 속에 묻히게 됩니다.

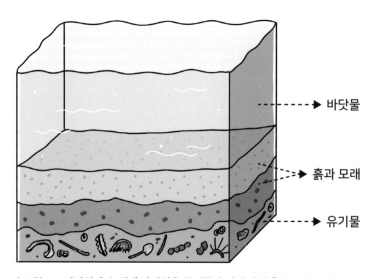

┃ 그림 1-2. 바다와 호수 밑에 가라앉은 동식물의 사체 위에 흙과 모래가 쌓인다. ┃

그런데 땅 아래로 내려갈수록 온도와 압력이 올라갑니다. 산소와 차단된 사체는 박테리아에 의해 분해되고, 오랜 기간 깊은 땅 속에서 높은 열과 압력을 받으면서 천연가스와 원유로 변합니다. 천연가스와 원유를 화석(고대 동식물의 시체) 연료라고 부르는 것도 바로 이 때문입니다. 현재 원유가 발견되는 곳들이 과거 바다나 호수 밑의 퇴적암이라는 점, 원유에 섞여 있는 질소나 황 같은 불순물은 유기물이 분해될 때 발생한다는 점에서 설득력을 얻고 있는 이론이죠.

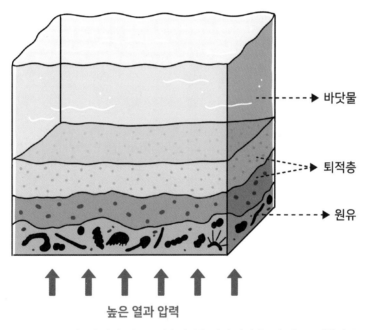

┃ 그림 1-3. 동식물의 사체는 높은 열과 압력을 받아 천연가스와 원유로 변한다. ┃

이렇게 생성된 원유가 한 곳에 고여 있기 위해서는 특정 조건을 갖춰야 합니다. 이를 이해하기 위해서는 먼저 근원암, 저류암, 덮개암, 그리고 트랩 구조를 알아야 합니다.

유기물이 포함된 퇴적암을 근원암이라고 합니다. 이 유기물이 천연가스와 원유가 되므로 근원암에서 원유가 생성되는 셈입니다. 그런데 근원암에는 원유가 머물 만한 공간이 많지 않습니다. 이런 이유로 원유는 근원암에서 나와 물과 함께 점점 위로 이동하며 새로운 암석의 빈 공간, 즉 공극에 스며듭니다. 이 암석이 바로 저류암입니다. 공간이 넓을수록 더 많은 양의 원유가 저장되겠죠? 따라서 저류암은 공극이 많은 사암 또는 석회암이 주를 이룹니다.

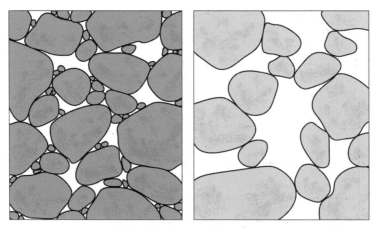

| 그림 1-4. 공극이 적은 근원암(좌)과 공극이 많은 저류암(우)의 모습 |

물론, 시간이 지나면 저류암에서도 원유가 빠져나갑니다. 이렇게 빠져나간 원유가 여러 곳으로 흩어지지 않으려면 촘촘한 구조의 암석층인 덮개암이 필요합니다. 저류암 주변에 덮개암이 있으면 원유가 덮개암을 통과하지 못해 한 곳에 모이게 됩니다. 이처럼 원유가 모일 수 있게 해주는 조건을 트랩 구조라고 합니다.

진짜 하루만에 이해하는 정유·석유화학 산업

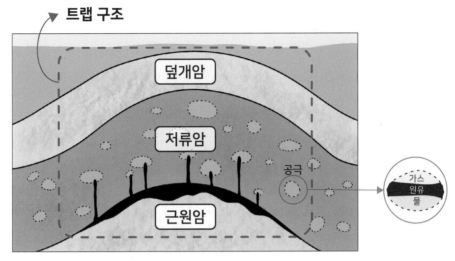

▎그림 1-5. 근원암, 저류암, 덮개암으로 형성된 트랩 구조.
공극에는 가벼운 순서대로 천연가스, 원유, 물이 위치해 있다. ▎

정리하면, 원유가 매장되어 있기 위해서는 바다 동식물의 유해가 오랜 기간 땅 속 깊은 곳에서 원유로 변하는 과정을 거쳐야 하고, 동시에 이렇게 만들어진 원유가 한 곳에 고이 모일 수 있는 트랩 구조가 갖춰져 있어야 합니다. 이 조건들을 동시에 만족시키는 곳에 원유가 매장되어 있고, 이렇게 원유가 매장되어 있는 곳을 우리는 유전이라고 부릅니다.

원유를 찾고 뽑아내는 방법

원유, 발견부터 시추까지

원유는 땅 속 깊은 곳에 숨겨져 있습니다. 찾는 것도 어려운데, 이 원유를 지상으로 퍼올리기(시추)까지 하다니! 정말 놀랍지 않나요? 지금부터 그 과정을 간단하게 알아보겠습니다.

원유를 찾고 이를 시추하는 데는 엄청난 비용이 들어갑니다. 그러니 아무곳이나 막 파볼 수 없겠죠? 먼저 원유가 있을 가능성이 높은 곳을 찾는 탐사 과정이 필요합니다. 탐사 과정은 다음과 같습니다.

지질 조사 → 탄성파 탐사 → 시추 탐사 → 시추

우선, 항공기나 인공위성 등을 이용해 지질 정밀 사진을 찍은 다음, 이를 판독해 실제로 유전이 있을 만한 지역을 추정합니다. 이후 물리적인 탐사(ex. 탄성파 탐사)를 진행해 지하의 지층 구조를 파악하죠. 이렇게 파악한 결과가 긍정적이더라도 실제로 파보기 전까지는 원유가 나올지 확실하게 알 수 없습니다. 그래서 본격적인 시추에 앞서 테스트 성격의 시추 탐사를 진행합니다. 시추 탐사를 통해 원유가 발견되면 그때부터 본격적으로 시추 작업에 들어갑니다. 그림 1-6에서 볼 수 있듯, 유전이 지상에 있으면 시추 리그를, 해상에 있으면 플랫폼을 설치해 원유를 뽑아낼 준비를 합니다.

초기에는 땅 속과 지상의 압력 차이에 의해 유전을 건드리기만 해도 원유가 솟구쳐 나옵니다. 이것이 1차 회수입니다. 이를 통해 유전에 매장된 원유의 20~30%를 얻을 수 있습니다. 하지만 시간이 지날수록 땅 속에 있던 원유가 위로 빠져나가면서 압력 차이기 줄게 되고, 어느 순간 분출이 멈춥니다. 이때는 인공적인 방법을 동원해서 원유를 빼내야 하는데요, 보통 물을 활용하는

| 그림 1-6. 지상에서 사용하는 시추 리그(좌)와 해상에서 사용하는 플랫폼(우) |

수공법을 사용합니다. 이는 물과 기름이 섞이지 않고, 기름이 물보다 가벼운 성질을 이용하는 것입니다. 유전 구멍에 물을 넣으면 땅 속 압력이 다시 높아지는데, 이때 물이 차오르면서 물보다 가벼운 원유가 위로 흘러나옵니다. 이 과정이 2차 회수입니다. 아쉽게도 1~2차 회수로 퍼올릴 수 있는 원유는 전체 유전의 50%가 채 되지 않습니다. 그래서 3차 회수를 진행합니다. 3차 회수에서는 수증기나 가스, 화학 용액을 동원해 원유를 퍼올립니다. 물론 이렇게 해도 현재의 기술력으로는 유전에 매장된 원유를 100% 다 뽑아내지는 못합니다. 더욱이 회수가 거듭될수록 비용이 크게 늘기 때문에 적정선에서 비용과 수익을 계산한 후, 타산이 맞지 않으면 더 이상 회수를 진행하지 않습니다.

원유는 어디에 많이 매장되어 있을까?

대표적인 원유 매장 지역

자국의 영토 또는 영해에서 원유를 채굴하는 나라를 산유국이라고 합니다. 사우디아라비아, 이란, 이라크 등 중동 국가들이 대표적인 산유국이죠. 앞에서 우리는 원유가 바다 밑 깊은 땅 속에 묻혀 있다고 배웠습니다. 그런데 중동의 많은 국가들은 바다가 아닌 육지에서 원유를 퍼올립니다. 어떻게 된 일일까요? 이 지역은 과거에는 바다 밑 깊은 땅 속이었지만 대규모 지각 변동에 의해 현재는 육지가 된 곳들입니다. 아쉽게도 우리나라는 수억 년 전부터 계속 육지였기 때문에 원유가 매장되어 있지 않은 것으로 추정됩니다.

그렇다면, 원유는 어느 지역에 많이 매장되어 있을까요? 전 세계 원유 매장량*은 그림 1-7과 같습니다.

원유는 중동 국가와 중앙아시아, 특히 페르시아만 부근과 카스피해 인근에 많이 매장되어 있습니다. 특정 지역에 편중되어 있어 우리나라 같은 비산유국들은 매년 원유를 사는 데 많은 비용을 쓰고 있습니다. 반면 산유국들, 특히 중동 지역은 원유 수출 하나만으로 국가 재정의 대부분을 충당할 만큼 엄청난 돈을 벌고 있죠. 그런데 한 가지 흥미로운 점은 중동 지역과는 거리가 먼

---

* 원유 매장량은 매장된 원유의 총량이 아닌, 시추하여 사용 가능한 양을 기준으로 합니다.

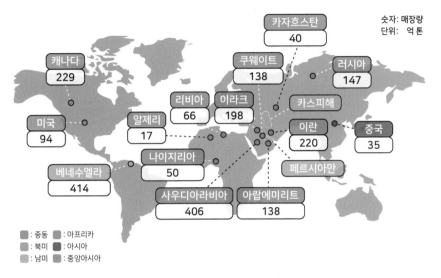

| 그림 1-7. 전 세계 원유 매장량 |

베네수엘라와 캐나다에 생각보다 많은 원유가 매장되어 있다는 것입니다. 과연 무슨 일이 있었던 걸까요?

다 같은 원유가 아니라고?

비전통적 원유의 등장

원유는 크게 전통적 원유(Conventional oil)와 비전통적 원유(Unconventional oil)로 구분됩니다. 전통적 원유는 쉽게 채굴할 수 있으며 품질이 좋은 원유를 말합니다. 우리가 현재 사용하는 대부분의 원유가 전통적 원유에 해당합니다. 반면 비전통적 원유는 채굴이 어렵고 품질이 떨어지는 액체 혹은 (반)고체 상태의 원유를 말합니다. 과거에는 채산성이 맞지 않아 그대로 방치되는 경우가 대부분이었죠. 하지만 기술이 발달하여 비전통적 원유를 좀 더 저렴한 가격으로 시추할 수 있게 되면서 석유 업계에 큰 변화의 바람이 불어왔습니다. 대표적인 비전통적 원유로는 셰일 오일과 셰일 가스, 그리고 오일 샌드가 있습니다.

① 셰일 오일과 셰일 가스

땅 속 깊은 지층, 셰일층이라고 불리는 암석 틈새에는 원유와 천연가스가 갇혀 있습니다. 이것을 셰일 오일, 셰일 가스라고 합니다.[*]

그림 1-8에서 볼 수 있듯, 유전에 있는 원유와 천연가스는 한 곳에 많은 양이 모여 있어 수직으로 구멍을 뚫어 시추할 수 있습니다. 반면, 셰일층에 있는 오일과 가스는 넓은 곳에 소량으로 퍼져 있어 수직으로 시추하기가 어렵습니다. 그래서 이전부터 존재는 알고 있었지만, 굳이 채굴을 하지는 않았죠. 그러다 1998년, 미국의 채굴업자 조지 미첼(George Mitchell)이 L자 형태의 시추관을 꽂고 물, 모래, 화학 약품을 높은 압력으로 분사해 암석을 깨뜨린 후, 암석에서 나오는 가스와 오일을 담아내는 수압파쇄법을 개발하면서 셰일 오일과 셰일 가스의 개발이 본격화됩니다. 이른바 셰일 혁명이 시작된 것입니다.

전통적 원유는 중동 지역에 편중되어 있지만, 셰일 오일과 셰일 가스는

---

[*] 보통 셰일 오일과 셰일 가스를 묶어 셰일 가스라고 칭하는 경우가 많습니다. 하지만 셰일 오일과 셰일 가스로 구분하는 것이 옳습니다.

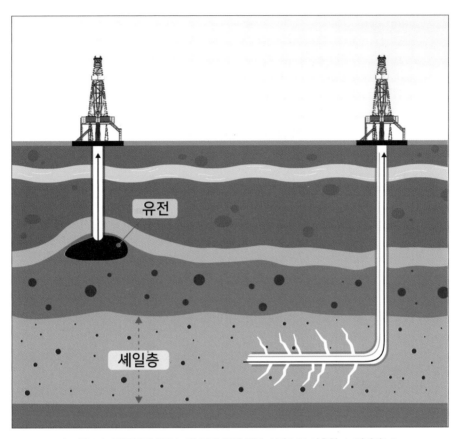

| 그림 1-8. 전통적인 원유는 한 곳에 모여 있어 수직으로 시추할 수 있지만(좌),
넓은 곳에 퍼져 있는 셰일 오일과 셰일 가스는 수평으로 시추해야 한다(우). |

북미 지역과 중국에 많은 양이 매장되어 있습니다. 그러나 이를 의미 있는 수준으로 생산하는 국가는 매장량과 기술력이 모두 뒷받침되는 미국이 거의 유일합니다. 셰일 혁명으로 미국은 원유 수입국에서 다시 원유 수출국으로 전환합니다. 그리고 막대한 양의 셰일 오일을 국제 원유 시장에 내놓으면서 국제 유가에도 많은 영향을 미치고 있습니다.

② 오일 샌드

오일 샌드는 원유를 품고 있는 모래입니다. 다만, 우리가 생각하는 모래의 모습보다는 끈적끈적한 기름 덩어리에 가깝습니다. 이 모래에서 이물질을 제거하면 원유를 얻을 수 있습니다. 비용이 많이 들기 때문에 평상시에는 인기가 없지만 유가가 오를 때 즉, 고유가 시기에는 인기가 올라갑니다. 오일 샌드는 베네수엘라와 캐나다에 많은 양이 매장되어 있습니다. 덕분에 2010년 원유 매장량 1위 국가에 베네수엘라, 3위 국가에 캐나다가 오르기도 했죠.

비전통적 원유는 채굴 과정에서 많은 양의 물을 사용하고, 땅 속 깊은 곳에 시추관을 박고, 대량의 모래를 파내는 등 심각한 환경 파괴를 수반합니다. 이러한 이유로 환경 단체들은 비전통적 원유의 채굴을 반대하고 있습니다.

원유의 품질

원유는 어떤 지역에서 생산되는지, 어느 층에서 뽑아냈는지에 따라 성분이 조금씩 다릅니다. 당연히 품질이 더 좋은 원유가 있고, 덜 좋은 원유가 있겠죠? 그렇다면 수많은 원유들의 품질은 어떤 기준으로 분류할까요? 대표적인 기준은 비중(또는 밀도)과 황(Sulfur)의 함량입니다.

먼저, 비중이 낮은 원유는 경질유(Light oil), 비중이 높은 원유는 중질유(Heavy oil)라고 합니다. 경질유가 중질유보다 부가가치가 높습니다. 그다음 황은 원유를 정제하는 장치를 부식시키고, 사용하는 촉매에도 영향을 미칠 뿐 아니라 대기를 오염시키는 등 여러 문제를 일으킵니다. 따라서 황 함량이 낮을수록 품질이 더 좋은 원유라 할 수 있습니다.

원유의 비중은 API도라는 지표로 나타냅니다. API도란 미국석유협회가 제정한 석유 비중 표시 지표로, 화씨 $60°F$(섭씨 $15.6℃$) 온도에서 물에 대한 석유의 무게 비중을 말하며 보통 34 이상이면 경질유(輕質油), 30~33 사이이면 중질유(中質油), 30 이하이면 중질유(重質油)로 분류합니다.

원유(Crude)	API도	황 함량(%)	생산 지역(Source)
아랍라이트(Arab Light)	33	1.77	사우디아라비아
보니라이트(Bonny Light)	34.5	0.14	나이지리아
브렌트유(Brent)	37.9	0.37	영국
서부텍사스유(WTI)	42	0.24	미국

| 표 1-1. 미국석유협회가 제정한 API도. 석유의 비중을 나타내기 위해 쓰인다. |

참고로 베네수엘라 원유의 API도는 8 정도입니다. 원유를 많이 생산하는 산유국이긴 하지만, 그 품질은 매우 낮다는 것을 알 수 있습니다.

원유 가격은 어떻게 결정되는 걸까?

기준 원유

원유는 수많은 품종이 존재합니다. 만약 품종별로 가격이 제각각 결정된다면 너무 복잡하겠죠? 그래서 지역별로 가격의 기준이 되는 원유가 있습니다. 이를 기준 원유라고 하는데요, 기준 원유를 따라 다른 원유들의 가격이 비숫하게 움직입니다. 대표적인 기준 원유로는 서부텍사스유(WTI), 브렌트유, 두바이유가 있습니다.

서부텍사스유는 미국 텍사스주와 뉴멕시코주 일대에서 생산되는 원유입니다. 황 함량이 0.24%로 낮아 매우 고품질의 원유로 평가받고 있으며, 시장에 미치는 영향력이 큽니다.

브렌트유는 영국의 북해 지역에서 생산되는 원유입니다. 황 함량이 0.37%로 낮아 고품질로 평가받습니다. 현재 미국과 유럽 지역에서 거래되는 수많은 원유들은 서부텍사스유와 브렌트유를 기준으로 가격이 결정됩니다.

마지막은 두바이유입니다. 아랍에미리트에서 생산되는 두바이유는 중동 지역의 대표적인 기준 원유입니다. 황 함량이 1.86%로, 앞서 설명한 두 원유에 비해서는 품질이 다소 떨어집니다. 다만, 이는 상대적인 비교일 뿐 두바이유의 품질이 나쁘다는 의미는 아닙니다. 우리나라는 주로 중동 지역에서 원유를 수입해 사용하는데, 가격이 저렴하고 지리적으로 가깝다는 점이 크게 작용합니다. 따라서 국내 경제는 두바이유의 가격에 영향을 많이 받습니다.

국제 유가에 영향을 미치는 요소들

유가는 수요와 공급에 의해 시장에서 결정됩니다. 수요에 영향을 미치는 가장 큰 요인은 경기와 계절입니다. 원유는 거의 모든 산업과 직간접적으로 연결되어 있습니다. 그래서 경기가 침체되면 원유 수요 역시 줄어듭니다. 반대로 경기 호황기에는 원유 수요가 증가하죠. 이 외에도 여름에는 냉방, 겨울에는 난방으로 인해, 휴가철에는 장거리 이동이 늘면서 원유 수요가 증가합니다.

공급에 영향을 미치는 가장 큰 요인은 산유국의 생산량입니다. 산유국이 밀집해 있는 중동 지역은 전쟁과 내전 등 지정학적 위기가 자주 발생합니다. 이로 인해 예기치 않게 공급에 큰 차질이 생기기도 하죠. 또, 산유국이 담합해 공급을 늘리거나, 줄이는 경우도 있어 여러모로 공급은 예측이 어렵습니다.

여기에 유가 예측을 더 어렵게 하는 요인이 있으니, 바로 금융입니다. 이를 이해하기 위해서는 선물 거래와 현물 거래를 알아야 합니다. 여러분이 시장에서 당근 1개를 산다고 가정해봅시다. 그런데 당근의 가격은 매일 다릅니다. 어제는 500원, 오늘은 700원, 내일은 400원, 다음 달은 1,000원 이런 식으로 말이죠. 이때, 그날 그날 거래되는 가격으로 당근을 구매하는 방식은 현물 거래입니다. 시세대로 매매하므로 손해 보는 사람은 없지만, 가격 변동성이 큽니다. 반면 선물 거래는 거래하는 시점의 가격을 미리 정해놓고 그 가격대로 거래하는 방식입니다. 예를 들어, 한 달 뒤에 당근을 700원에 사기로 계약을 맺었다면 실제로 한 달 뒤에 당근 가격이 얼마가 되든 700원에 거래를 하는 것입니다. 가격이 현재 시세와 다르기 때문에 사는 사람과 파는 사람 중에 한 명은 손해를 보겠지만(반대로 한 명은 이익), 사전에 정한 가격으로 거래하므로 가격 변동성을 줄일 수 있습니다.

세계 원유 거래의 절반 이상이 선물 거래입니다. 문제는 원유와 전혀 무관한 사람들이 투기 목적으로 선물 거래에 뛰어든다는 것입니다. 투기적 수요로 인해 선물 가격이 왜곡되면서 실물 유가가 함께 영향을 받는 일이 종종 발생합니다. 또, 원유는 달러로 거래되는데요, 달러 가치가 변동하면 수요와 공급에 변화가 생길 수 있습니다. 이처럼 투기적인 선물 거래와 달러 가치 변동과 같은 금융적인 측면도 유가에 영향을 미치는 중요한 요인입니다.

유가는 어떻게 변해왔을까?

지난 수십 년간의 유가 변화를 나타낸 그래프를 보면서 앞에서 언급한 요소들이 유가에 어떠한 영향을 미쳤는지 알아보겠습니다.

1960년대에는 중동 지역에서 원유 생산량이 크게 증가했습니다. 다행히 석유수출기구인 OPEC(Organization of Petroleum Exporting Countries)에 의해 공급이 잘 관리되며 유가는 비교적 안정적인 상태를 유지합니다.

1970년대에는 두 번의 오일 쇼크가 발생하며 유가가 크게 요동칩니다. 1973년 1차 오일 쇼크로 유가는 4배 가까이 급등하였고, 1979년 2차 오일 쇼크로 배럴당 12달러 수준이던 유가는 40달러까지 급격히 치솟습니다.

| 그림 1-9. 지난 수십 년간의 국제 유가 변화를 나타낸 그래프 |

1980년대에는 오일 쇼크로 인한 경기 침체가 이어지며 유가가 약세를 보입니다. 각국이 에너지 효율을 높이고 대체 에너지를 개발하면서 원유 수요는 줄어든 반면 새로운 유전의 발견으로 원유의 공급은 증가합니다. 그러다 1986년, 사우디아라비아가 시장 점유율을 높이기 위해 생산량을 크게 늘리면서 유가가 큰 폭으로 하락합니다.

1990년, 이라크가 쿠웨이트를 침공한 걸프전이 발발하며 유가는 단기간에 급등합니다. 하지만 전쟁이 빠르게 끝났고, 이후 원유 생산량이 회복되며 1990년대 중반까지는 유가가 안정적으로 유지됩니다. 1997년~1998년에는 아시아 금융 위기로 인해 원유 수요가 크게 감소하며 유가 역시 큰 폭으로 하락합니다. 그러나 OPEC의 원유 감산과 세계 경제 회복으로 곧 이전 가격을 회복합니다.

2000년대 초반에는 중국과 인도를 비롯한 신흥국의 경제가 성장하며 원유 수요가 늘어나 유가가 점진적으로 상승합니다. 2000년대 중반에는 세계 경제의 빠른 성장으로 원유의 수요는 늘어난 반면, 중동 지역의 정세 불안과 허리케인 카트리나로 원유의 공급이 줄어들면서 유가가 최고 140달러에 육박하는 등 큰 폭으로 상승합니다.

이렇게 고공 행진하던 유가는 2008년, 미국에서 시작된 금융 위기로 인해 큰 폭으로 하락합니다. 세계 경제가 급속도로 얼어붙으며 원유 수요가 급감하자 OPEC은 생산량을 조절하였고, 2009년~2010년에 세계 경제가 다시 회복되면서 원유는 100달러 이상에서 거래가 됩니다.

2010년대 초중반까지는 유가가 비교적 높은 가격을 유지하였지만, 셰일 오일과 셰일 가스의 등장으로 원유 공급이 크게 늘어나면서 유가가 40달러 아래로 하락합니다. 하지만 곧 OPEC과 러시아 등 주요 산유국이 감산을 진행하며 공급량을 줄였고, 더불어 경제가 개선되며 2019년까지 원유 가격은 점차 회복세를 나타냅니다.

2020년과 2021년에는 코로나19가 발생하며 세계 경제가 급격히 위축됩니다. 이는 곧 원유의 수요 감소로 이어졌고, 유가가 단기간에 크게 하락합니다. 하지만 곧 백신이 등장하고 세계 각국이 경기 부양책을 쏟아내는 한편, 산유국들이 공급량을 조절하면서 유가는 100달러 이상으로 급등하게 되죠. 이렇게 변동성이 커진 유가는 이후 점진적으로 하락해 2023년 11월 기준 60~80달러 선에서 유지되고 있습니다.

1. 원유는 어떻게 만들어질까?

유기기원설은 바다와 호수 밑에 가라앉은 동식물의 사체 위로 흙과 모래 등이 쌓이고, 이 사체가 오랜 세월에 걸쳐 높은 열과 압력을 받아 원유로 변한다는 가설입니다. 현재 원유가 발견되는 곳이 과거 바다나 호수 아래의 퇴적암이라는 점, 원유 속에 유기물이 분해될 때 발생하는 황이나 질소 등이 함유되어 있다는 점에서 높은 설득력을 얻고 있죠. 이렇게 생성된 원유는 근원암, 저류암, 덮개암으로 형성된 트랩 구조가 있어야 한 곳에 모일 수 있습니다.

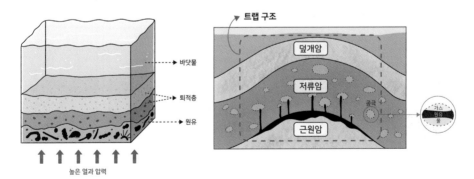

┃ 그림 1-10. 유기기원설을 바탕으로 원유가 생성되는 과정과 생성 조건 ┃

2. 원유를 찾고 뽑아내는 방법

먼저, 항공기나 인공위성 등을 이용해 실제로 유전이 있을 만한 지역을 추려냅니다. 이후 물리적인 탐사를 진행해 지하의 지층 구조를 파악하죠. 그 다음 본격적인 시추에 앞서, 테스트 성격의 시추 탐사를 진행합니다. 이 탐사에서 원유가 발견되면 본격적으로 시추 작업에 들어갑니다. 시추는 땅 속과 지상의 압력 차이에 의해 자연적으로 분출되는 1차 회수, 땅 속에 물을 주입해 채굴하는 2차 회수, 수증기나 가스, 화학 용액 등을 이용해 채굴하는 3차 회수로 진행됩니다.

| 그림 1-11. 지상의 시추 리그(좌)와 해상의 플랫폼(우)에서 원유를 시추하는 모습 |

3. 원유는 어디에 많이 매장되어 있을까? + 4. 다 같은 원유가 아니라고?

원유는 크게 전통적 원유와 비전통적 원유로 구분됩니다. 전통적 원유는 쉽게 채굴할 수 있고 품질이 좋습니다. 주로 중동 국가와 중앙아시아, 특히 페르시아만 부근과 카스피해 인근에 많이 매장되어 있습니다. 그 외 북미와 아프리카 등에도 상당량이 매장되어 있죠.

반면, 비전통적 원유는 채굴이 어렵고 품질이 다소 떨어집니다. 과거에는 채산성이 맞지 않아 채굴을 하지 않았지만, 최근에는 기술의 발달로 비전통적 원유를 채굴하는 사례가 늘어나고 있습니다. 대표적인 비전통적 원유로는 셰일 오일과 셰일 가스 그리고 오일 샌드가 있는데, 셰일 오일과 셰일 가스는 미국과 중국에, 오일 샌드는 베네수엘라와 캐나다에 주로 매장되어 있습니다.

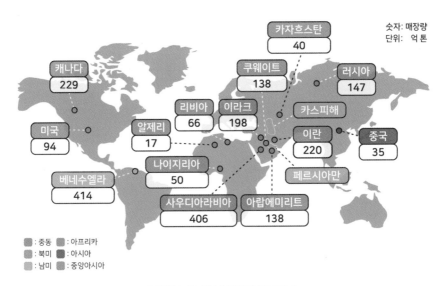

| 그림 1-12. 전 세계 원유 매장량 |

5. 원유 가격은 어떻게 결정되는 걸까?

원유 가격은 수요와 공급에 의해 시장에서 결정됩니다. 수요에 영향을 미치는 요인으로는 경기와 계절이 있습니다. 공급에 영향을 미치는 요인으로는 산유국의 생산량이 있죠. 또, 금융 시장의 영향도 많이 받습니다.

원유는 수많은 품종이 있는데, 지역별로 기준이 되는 원유, 즉 기준 원유의 가격을 따라 비슷하게 움직입니다. 대표적인 기준 원유로는 서부텍사스유, 브렌트유, 두바이유가 있습니다.

┃ 그림 1-13. 지난 수십 년간의 국제 유가 변화를 나타낸 그래프 ┃

원유, 한 걸음 더!

1. 석유는 언제부터 사용했을까?

인류는 아주 오래 전부터 석유를 사용했습니다. 과거 석유는 역청(瀝青)이라 불렸는데요, 역청과 관련해 많은 기록들이 남아 있습니다. 기원전 5천 년경, 메소포타미아(현재의 이라크) 사람들은 집을 지을 때 접착제로 석유를 사용했습니다. 고대 이집트에서는 미라를 만들 때 방부제로 사용했죠. 또, 성서에는 하느님이 대홍수를 일으키기 전에 노아에게 커다란 배를 만들게 했다는 내용이 나오는데, 이때 배의 안쪽과 바깥쪽에 검은색의 역청을 발랐다는 이야기가 등장합니다. 이를 보아 석유를 방수용으로 사용했다는 것을 알 수 있습니다. 이 외에도 종교적, 주술적 의미로 사용하거나 심지어 지혈제나 해열제 같은 약의 용도로 쓰기도 했습니다. 물론 당시에는 시추 기술이 발달하지 않았기 때문에 바위 틈 사이나 지표면에서 자연스럽게 흘러나온 원유를 사용했을 것으로 추정됩니다.

2. 동양과 서양에서 부르는 석유의 뜻이 같다고?

한자 문화권의 동양에서 석유는 돌 석(石)자에 기름 유(油)자를 씁니다. '바위 틈에서 흘러나온 기름'이라는 의미입니다. 서양에서 석유는 페트롤리엄 (Petroleum)이라고 하는데, 이는 돌을 뜻하는 그리스어 페트라(Petra)와 기름을 뜻하는 라틴어 올레움(Oleum)에서 유래하였습니다. 즉, 서양에서도 석유를 돌에서 나오는 기름으로 이해한 것이죠. 그 먼 과거에도 동양과 서양이 모두 석유를 같은 의미로 이해했다니, 흥미롭지 않나요?

3. 원유의 양을 표기하는 '배럴'

원유의 양은 배럴(Barrel)이라는 단위로 표기합니다. 배럴은 나무로 만든 원형 통을 의미하는데요, 과거에는 원유를 배럴에 넣어 운반했습니다. 그러다 보니 어느 순간부터 자연스럽게 배럴이 원유의 양을 표시하는 단위가 되었습니다. 1배럴은 42갤런, 즉 159리터인데, 여기에도 재미있는 일화가 있습니다. 배럴은 원래 50갤런(189리터)이지만, 운반 도중 마차가 흔들리면서 원유가 통에서 새어 나가 목적지에 도착하면 42갤런으로 줄어 있었다고 합니다. 그래서 1배럴이 42갤런이 되었습니다.

4. 석유 메이저(세븐 시스터즈) VS OPEC

유전이 개발되던 초기, 중동 국가들은 원유의 중요성과 가치를 잘 몰랐습니다. 뒤늦게 인지했을 때는 이를 지킬 힘이 부족했죠. 그래서 1940년대부터 1960년대까지는 영미계 글로벌 기업들이 원유 시장에서 엄청난 영향력을 행사합니다. 특히, 미국의 엑슨, 모빌, 텍사코, 소칼, 걸프오일 영국의 BP, 네덜란드-영국의 쉘까지 7개의 회사의 영향력이 막강해 이들을 석유 메이저* 혹은 세븐 시스터즈라고 불렀습니다. 원유 시장의 70% 이상을 석유 메이저가 장악했고, 당연히 석유 가격도 이들에 의해 좌지우지되었죠.

1960년, 석유 메이저에 대항하기 위해 베네수엘라, 이라크, 이란, 사우디아라비아, 쿠웨이트가 모여 석유수출기구 OPEC을 만듭니다. 그리고 1973년 오일 쇼크를 주도하며 석유 시장의 패권은 석유 메이저에서 OPEC으로 넘어오게 되죠. 이후 OPEC 국가들은 석유 회사들을 차례로 국유화하며 세계 석유 시장에 막강한 영향력을 행사합니다.

물론 지금은 OPEC의 영향력이 과거처럼 크지는 않습니다. 1, 2차 오일 쇼크 이후 세계 각국이 자체적으로 석유를 비축하기 시작했고 중동 의존도를 줄이기 위해 북해, 시베리아, 알래스카, 멕시코만 등 아랍 외 지역에서 원유 생산을 시작했기 때문입니다. 또, OPEC 국가들 사이에서도 약속된 생산량을 지키지 않는 등 균열이 일어나고 있고요. 한때는 OPEC 국가가 전 세계 원유 생산량의 50%가 넘는 점유율을 차지했지만, 현재는 30%대로 떨어진 상황입니다.

---

* 이후 엑슨과 모빌이 합병해 엑슨모빌이, 소칼과 걸프, 텍사코가 합병해 셰브론이 탄생합니다. 7개였던 기업은 현재 엑슨모빌, 셰브론, 쉘, BP 이렇게 4개 회사로 줄었습니다.

5. OPEC+

OPEC+란 국제 유가 안정을 위해 OPEC과 비 OPEC 산유국 10개국이 맺은 협정입니다. 러시아, 카자흐스탄, 바레인, 오만, 브루나이, 말레이시아, 수단, 남수단, 멕시코, 아제르바이잔이 속해 있습니다.

6. 1,2차 오일 쇼크와 선물 거래의 등장

1973년, 이집트와 시리아를 주축으로 한 아랍 연합군과 이스라엘 사이에 전쟁이 발발합니다. 이때 미국이 이스라엘을 지원하자, 위협을 느낀 아랍 국가들은 이스라엘이 전쟁에서 철수할 때까지 원유 생산을 매월 5%씩 줄이고, 이스라엘의 동맹국에는 원유 수출을 금지하겠다고 선포합니다. 이에 1973년 초만 해도 배럴당 2달러 59센트 수준이었던 유가는 6개월 만에 11달러 65센트로 급등합니다. 이것이 바로 1차 오일 쇼크입니다. 유가가 급등하자 미국과 서유럽 국가들은 큰 어려움에 봉착합니다. 다행히 미국과 사우디아라비아가 원유의 안정적인 공급을 위해 협정을 맺고, OPEC이 원유 생산을 다시 늘리면서 1년여 만에 유가는 안정을 찾습니다.

1978년, OPEC은 유가를 15% 올립니다. 그리고 다음 해인 1979년, 이란에서 혁명이 일어나죠. 혁명으로 나라가 혼란스러워지자 이란은 석유 수출을 잠시 중단합니다. 가격은 올랐는데 공급은 오히려 줄어든 것입니다. 엎친 데 덮친 격으로 산유국인 소련이 아프가니스탄을 침공하고, 1년 뒤에는 이란과 이라크 사이에 전쟁이 빌발합니다. 이로 인해 1978년 말 배럴당 12달러 70센트였던 유가는 1981년 후반이 되자 40달러를 돌파합니다. 이것이 2차 오일 쇼크입니다. 2차 오일 쇼크로 세계 경제는 다시 한번 큰 충격에 빠집니다.

두 차례의 오일 쇼크를 경험한 미국은 극심한 원유 가격 변동을 줄이기 위해 1983년, 뉴욕상업거래소에서 원유 선물 거래를 개시합니다. 약속된 시점에 약속된 가격으로 매매를 하는 선물 거래를 통해 원유 가격의 안정화를 꾀한 것이죠. 다만, 선물 거래를 위해서는 가격의 기준이 되는 원유가 필요했습니다. 이 원유가 바로 서부텍사스유입니다. 현재 서부텍사스유는 전 세계 원유 선물 거래 시장에서 가장 많은 거래량을 차지하고 있습니다.

정유 산업을
이해하기 위한
화학 기초

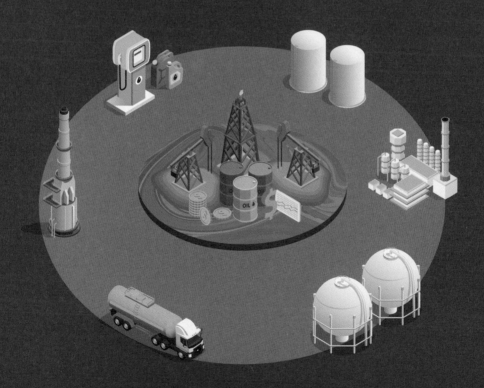

기초적인 화학 지식이 있으면 정유 산업을 더 잘 이해할 수 있습니다. 그렇다고 미리 겁먹을 필요는 없습니다. 화학의 재미에 푹 빠질 수 있도록 쉽고 친절하게 설명해드릴 테니까요. 시험을 위한 화학 공부는 재미없지만, 교양을 쌓기 위한 화학 공부는 무척이나 재미있답니다. 그럼, 지금부터 화학의 세계로 여행을 떠나보겠습니다.

원자와 분자의 이해

원자와 분자

물질을 이루는 기본 단위는 원자(Atom)*입니다. 원자는 다른 원자와 결합해 구조체를 만들 수 있습니다. 이 구조체를 분자(Molecule)라고 합니다. 예를 들어, 수소(H) 원자 2개와 산소(O) 원자 1개가 결합하면 물 분자(H_2O)가 됩니다.

---

* 원자는 양성자(Proton)와 중성자(Neutron) 그리고 전자(Electron)로 이루어져 있습니다.

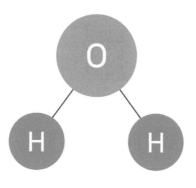

| 그림 2-1. 수소 원자 2개와 산소 원자 1개가 결합한 물 분자의 모습 |

원자와 달리 분자는 특별한 성질을 갖습니다. 산소 원자 1개는 산소의 성질이 없지만, 산소 원자 2개가 만나 산소 분자(O_2)가 되면 산소의 성질을 갖습니다. 즉, 물질을 이루는 기본 단위는 원자이지만, 물질의 성질을 지닌 기본 단위는 분자인 것이죠.

화학을 공부할 때, 많은 분들이 원소와 원자의 개념을 헷갈려합니다. 원소는 종류, 원자는 개수라고 이해하면 쉽습니다. 앞서 설명한 물을 예로 들어볼까요? 물(H_2O)은 수소와 산소 이렇게 두 원소로 이루어져 있습니다. 수소 원자 2개와 산소 원자 1개로 표현할 수도 있죠. 과산화수소(H_2O_2)도 수소와 산소 두 원소로 이루어져 있습니다. 이를 원자로 표현하면 수소 원자 2개와 산소 원자 2개가 됩니다.

원자의 결합

원자는 다른 원자와 결합하여 구조체를 이룹니다. 원자끼리 결합하는 방법에는 여러 가지가 있는데요, 대표적인 것이 바로 공유 결합입니다. 공유 결합은 원자끼리 손을 잡는 과정*으로 이해하면 쉽습니다. 이때, 원자마다 가지고 있는 손의 개수가 다른데요, 수소는 1개, 산소는 2개, 질소는 3개, 탄소는 4개입니다.

그림 2-3에서 볼 수 있듯, 손이 2개인 산소는 손이 1개인 수소 2개와 결합해 물 분자가 됩니다. 손이 4개인 탄소는 손이 1개인 수소 4개와 결합해 메탄 분자가 되죠. 손이 4개인 탄소가 손이 2개인 산소와 양손을 맞잡으면 이산화탄소 분자가 됩니다.

원자끼리 손을 잡을 때, 물 분자와 메탄 분자처럼 한 손을 잡으면 단일 결합, 이산화탄소 분자처럼 양손을 잡으면 이중 결합이라고 합니다.

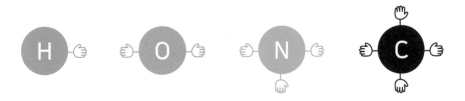

| 그림 2-2. 원자마다 결합할 수 있는 손의 개수가 다르다. |

---

* 정확히는 손을 잡는 것이 아니라 전자의 결합입니다.

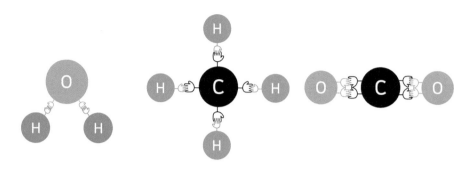

| 그림 2-3. 원자가 손을 잡고 분자가 되는 과정(왼쪽부터 물 분자, 메탄 분자, 이산화탄소 분자) |

분자식과 구조식

분자의 구조를 나타내는 여러 가지 표현법이 있는데요, 크게 분자식과 구조식으로 나뉩니다. 분자식은 분자를 구성하는 원자의 종류와 수를 나타내는 화학식입니다. 평소 많이 들어보았을 H_2O와 CO_2 같은 것들이 모두 분자식입니다. 분자식을 이용하면 물 분자(H_2O)는 수소 원자 2개와 산소 원자 1개, 이산화탄소 분자(CO_2)는 탄소 원자 1개와 산소 원자 2개로 이루어진 것을 쉽게 알 수 있습니다.

그런데 분자식에는 한 가지 단점이 있습니다. 예를 들면, 부탄(C_4H_{10})과 이소부탄(C_4H_{10})은 서로 다른 성질을 갖는 분자이지만, 둘 다 탄소 원자 4개와 수소 원자 10개로 이루어져 있어 분자식이 같습니다. 이렇게 원자의 종류와 숫자는 같지만 결합 구조기 서로 다른 것을 이성실체라고 하는데요, 아쉽게도 분자식으로는 이성질체의 차이를 정확하게 표시할 수가 없습니다. 원자

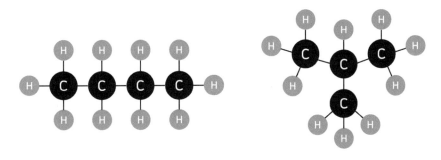

| 그림 2-4. 부탄과 이소부탄의 구조식 |

의 결합 구조까지 알려주는 화학식이 있다면 더 좋겠죠? 이 화학식이 바로 구조식*입니다. 그림 2-4는 부탄과 이소부탄을 나타내는 구조식입니다. 이를 통해 원자끼리 어떤 형태로 결합이 되었는지를 바로 알 수 있습니다.

　이 책에서는 독자의 이해를 돕기 위해 구조식을 그림 2-5와 같이 이미지화하여 표현했습니다.

| 그림 2-5. 부탄과 이소부탄의 구조식을 이미지화한 그림 |

---

* 　루이스(Lewis) 구조식, 케쿨레(Kekule) 구조식, 축약 구조식, 골격 구조식 등 여러 가지가 있습니다.

물질의
상태

물질의 상변화
∙∙∙∙∙∙∙∙∙∙∙∙∙∙∙∙∙∙∙∙∙

물질은 세 가지의 물리적 상태를 갖습니다. 바로 고체, 액체, 기체입니다. 물 분자(H_2O)는 온도가 0~100℃ 구간에서 액체 상태로 존재합니다. 우리는 이를 물(Water)이라 부르죠. 반면 0℃ 이하에서는 차가운 고체 상태가 됩니다. 우리는 이를 얼음(Ice)이라 부릅니다. 마지막으로 100℃ 이상에서는 기체 상태로 변합니다. 바로, 수증기(Water vapor)입니다.

화학자는 온도와 압력을 이용해 언제든지 물질의 상태를 조절할 수 있습

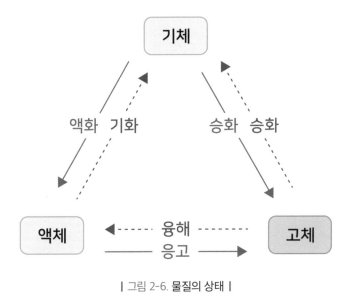

| 그림 2-6. 물질의 상태 |

니다. 예를 들어, 액체 상태의 물질을 가열(또는 감압)해 기체로 만든 후, 이를 다시 냉각해 액체 상태의 물질로 되돌릴 수 있죠. 이처럼 온도와 압력 등에 의해 물질이 다른 상태로 변하는 것을 상변화라고 합니다. 이때 상(Phase)이란 물질의 상태를 뜻합니다.

물질의 상평형

화학에는 상평형이라는 것도 존재하는데요, 상평형이란 특정한 온도나 압력의 조건 하에서 고체와 액체 또는 액체와 기체처럼 두 개의 상이 함께 존재하면서 평형을 이루는 상태를 말합니다.

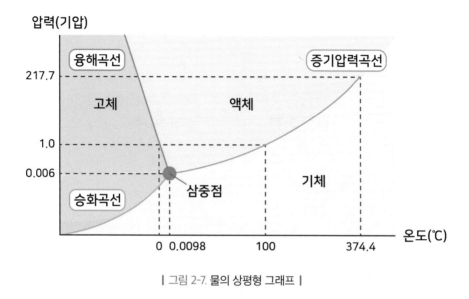

| 그림 2-7. 물의 상평형 그래프 |

고체와 액체를 나누는 융해곡선에 해당되는 조건에서는 물질이 고체와 액체 상태로 함께 존재할 수 있습니다. 마찬가지로 액체와 기체를 나누는 증기압력곡선의 조건에서는 기체와 액체가, 기체와 고체를 나누는 승화곡선의 조건에서는 기체와 고체가 함께 존재할 수 있죠. 그리고 세 곡선이 만나는 삼중점(Triple point)의 조건 하에서는 고체, 액체, 기체가 모두 존재할 수 있습니다.

상평형은 우리 일상에서도 쉽게 찾아볼 수 있습니다. 콜라병을 생각해보죠. 병 내부에는 음료(액체)만 있다고 생각하기 쉽지만, 실은 이산화탄소(기체)가 상평형을 이루고 있습니다. 병 내부의 이산화탄소 중 일부는 액체 상태로 존재하고, 일부는 기체 상태로 존재하는데 액체 속의 이산화탄소가 기체로 변하고, 기체 속의 이산화탄소가 다시 액체로 변하는 과정이 동일한 속도로 진행되어 변화가 없는 것처럼 보일 뿐이죠. 이때, 병 뚜껑을 열면 온도와 압력이 달라져 상평형이 깨지면서 이산화탄소가 외부로 빠져나가 기포가 발생합니다.

상평형이라는 개념이 조금 어려울 수도 있습니다. 하지만 정유·석유화학을 공부하는 우리는 '특정 온도와 압력에서는 물질의 두 가지 상이 함께 존재할 수 있다.' 정도만 알면 됩니다.

물질의 구분

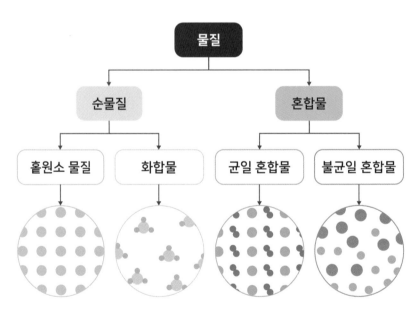

| 그림 2-8. 물질의 구분 |

물질은 크게 순물질과 혼합물로 나눌 수 있습니다. 이때 순물질은 홑원소 물질과 화합물로, 혼합물은 균일 혼합물과 불균일 혼합물로 다시 나뉩니다. 하나씩 살펴보겠습니다.

순물질

순물질은 이름에서 알 수 있듯, 다른 물질이 전혀 섞이지 않은 순수한 물질을 말합니다. 순물질은 홑원소 물질과 화합물로 나뉩니다.

홑원소 물질

홑원소 물질(Simple substance)이란 한 가지 원소로만 구성된 물질을 말합니다. 수소(H_2), 산소(O_2), 질소(N_2)처럼 하나의 원소가 두 개 이상 결합하거나 헬륨(He), 네온(Ne), 아르곤(Ar), 크립톤(Cr), 제논(Xe)처럼 원자 하나로 이루어진 단원자 분자가 대표적입니다.

화합물

화합물(Compound)이란 두 가지 이상의 원소가 화학적으로 결합하여 만들어진 물질을 말합니다. 물질 A와 B로 화학 반응을 일으켜 새로운 물질 C가 만들어졌

을 때, 우리는 C를 화합물이라고 부릅니다. 물(H_2O) 역시 수소 원소와 산소 원소로 이루어진 화합물입니다. 화합물은 두 원소가 결합하는 비율이 정해져 있습니다.

혼합물

혼합물(Mixture)이란 두 가지 이상의 물질이 물리적으로 섞여 있는 것을 말합니다. 대표적인 예로 소금물이 있습니다. 혼합물은 두 물질이 화학적 결합 없이 단순히 섞여 있는 상태이므로 비율이 정해져 있지 않고, 각각의 물질이 독립적인 화학적 성질을 유지하고 있죠. 이뿐 아니라 혼합물은 증류, 냉각, 추출 등 물리적인 방법에 의해 언제든지 혼합 전의 상태로 되돌릴 수 있습니다.

혼합물은 다시 균일 혼합물과 불균일 혼합물로 나뉩니다.

균일 혼합물(Homogeneous mixture)은 두 가지 이상의 물질이 일정하게 분포되어 있는 혼합물입니다. 혼합물의 어느 부분을 취하더라도 구성 성분의 비율이 같습니다. 소금물과 설탕물이 대표적인 균일 혼합물입니다.

반면, 불균일 혼합물(Heterogeneous mixture)은 두 가지 이상의 물질이 일정하지 않게 분포되어 있는 혼합물입니다. 혼합물의 어느 부분을 취하는지에 따라 구성 성분의 비율이 다릅니다.

그렇다면 우리가 공부할 원유는 순물질일까요? 혼합물일까요? 화석 연료인 원유는 탄소(C) 덩어리입니다. 탄소는 수소(H)와 잘 결합하는 특징을 가져 함께 존재하는 경우가 많습니다. 이렇게 탄소와 수소로 이루어진 분자를 탄화수소(Hydrocarbon)라고 합니다. 탄소와 수소의 결합 구조에 따라 무수히 많은 탄화수소가 있는데요, 원유는 수십~수백 가지의 탄화수소가 복잡하게 섞여 있는 불균일 혼합물*입니다.

정유·석유화학 산업에서는 탄소의 개수가 중요합니다. 그래서 탄소 수에 따라 C 다음에 숫자를 붙여서 표현합니다. 예를 들면, 메탄(CH_4)은 탄소 수가 1개이므로 C_1, 부탄(C_4H_{10})은 탄소 수가 4개이므로 C_4로 표현하고 있습니다.

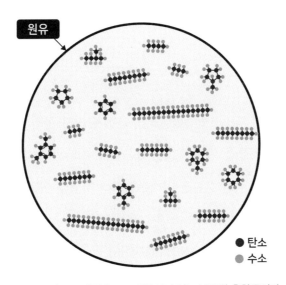

| 그림 2-9. 원유는 탄화수소로 이루어져 있는 불균일 혼합물이다. |

---

* 탄소 85%, 수소 13%, 불순물 2%로 구성되어 있습니다.

분리와
정제

오랜 세월 동안 화학자들은 지구 곳곳에 숨겨진 물질을 찾아내고 그 물질을 구성하는 원소들을 규명하고자 했습니다. 하지만 안타깝게도 순물질보다는 불순물이 잔뜩 섞인 혼합물이 대부분이라 작업에 어려움이 많았죠. 이에 화학자들은 혼합물에서 원하는 물질을 추출하는 분리(Separation) 기술과 분리된 물질의 순도를 높이는 정제(Purification) 기술을 발전시킵니다.

분리

두 가지 이상의 물질이 섞여 있는 혼합물로부터 원하는 성분만을 얻어내는 것을 분리(Separation)라고 합니다. 물질들은 저마다 밀도, 용해도, 녹는점, 끓는점 등이 다릅니다. 이러한 특성 차이를 이용하면 혼합물에서 순물질을 분리할 수 있습니다. 특히, 특성 차이가 클수록 더 쉽게 분리됩니다.

우리는 이미 일상에서 분리를 경험하고 있습니다. 정수기로 물을 정수하거나 커피 필터를 이용해 커피 알갱이와 액체를 나누는 것이 좋은 예입니다. 또, 학교에서 자석으로 모래에 섞인 철광석을 걸러내는 실험 역시 물질의 성질 차이를 이용한 분리라고 할 수 있습니다.

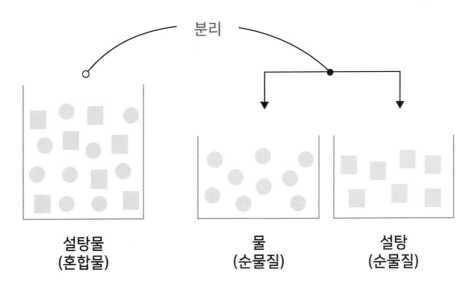

| 그림 2-10. 설탕물에서 설탕을 걸러내고 물을 얻는 것 또한 분리이다. |

정제

정제(Purification)란 물질의 순도를 높이는 과정을 말합니다. 혼합물에서 원하는 물질만 제외하고, 다른 불순물들을 제거하는 분리의 한 과정으로도 볼 수 있습니다. 예를 들면, 소금물에서 소금을 얻기 위해 물을 증발시키는 것은 분리이고, 이렇게 얻어진 소금의 불순물을 제거해 순수한 소금으로 만드는 것은 정제입니다.

분리와 정제의 방법

증류

모든 휘발성 액체는 고유의 끓는점을 갖습니다. 앞서 배운 것처럼 끓는점보다 높은 온도로 액체를 가열하면 기화되어 기체가 되고, 이를 다시 냉각하면 응축되어 액체가 됩니다. 이러한 원리를 기화·응축의 원리라고 하고, 이 원리를 이용해 혼합물을 분리하는 방법을 증류(Distillation)라고 합니다.

증류의 원리를 이용하면 오염된 물을 정화할 수 있습니다. 오염된 물을 끓여서 기체 상태의 수증기로 만든 다음(기화), 이 수증기만 따로 모아서 다시 냉각한 후, 응축하면 깨끗한 물을 얻을 수 있죠. 또, 도수가 높은 술도 만들 수 있습니다. 그림 2-11에서 볼 수 있듯, 청주를 끓이면 물보다 끓는점이 낮은 에틸알코올이 먼저 기화되는데요, 기화된 기체가 가열 장치의 위로 올라가다가 차가운 냉각수와 만나면 응축되어 액체로 변합니다. 이 액체를 따로 모아 주면 도수가 더 높은 술을 얻을 수 있습니다. 이렇게 만든 술은 증류를 이용해 만들었다는 뜻에서 증류주라고 부릅니다. 외국의 위스키나 우리나라의 전통 소주가 대표적인 증류주입니다. 참고로 우리가 즐겨 마시는 소주는 물로 에틸알코올을 희석하여 만든 희석주입니다.

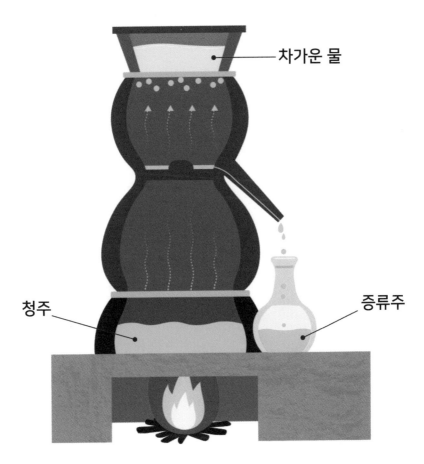

| 그림 2-11. 전통 소주의 증류 방식 |

촉매

촉매(Catalyst)란 자신은 화학 반응에 참여하지 않으면서 화학 반응의 속도를 변화하게 하는 물질입니다. 화학 반응이 일어나기 위해서는 활성화 에너지*라는 허들을 넘어야 하는데, 촉매는 이 활성화 에너지를 낮추어 화학 반응을 가속화하는 역할을 수행합니다. 즉, 촉매를 이용하면 화학 반응에 걸리는 시간을 단축할 수 있습니다. 이렇게 시간을 단축시키는 촉매를 정촉매라고 합니다. 반대로 화학 반응을 지연시키는 촉매를 부촉매라고 합니다.

＊ 화학 반응이 일어나기 위해 필요한 최소한의 에너지를 말합니다.

정유 산업
한눈에 이해하기

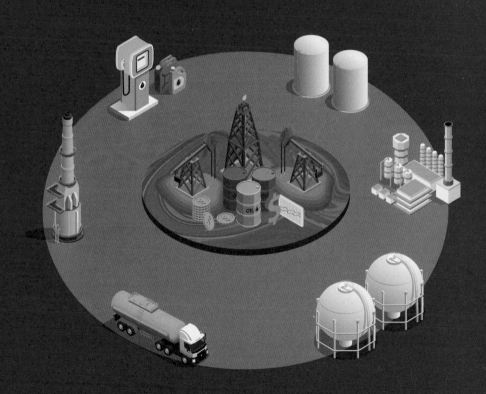

인간이 살아가는 데 가장 중요한 요소로 의복(의), 음식(식), 집 (주)을 꼽습니다. 그런데 실은 의식주만큼 중요한 것이 또 있습니다. 바로, 에너지(Energy)입니다. 에너지가 없으면 기계가 작동하지 않습니다. 자동차나 비행기와 같은 이동 수단이 멈추고, 난방이나 냉방도 할 수가 없죠. 모든 문명 사회는 에너지를 기반으로 합니다. 과거에는 자연에서 에너지를 얻었습니다. 나무를 태우거나, 동식물의 기름을 활용했죠. 하지만 인류가 충분히 사용하기에는 그 양이 턱없이 부족했습니다. 20세기 들어 원유를 사용하면서부터 비로소 충분한 에너지를 얻게 되죠. 물론 원유 그 자체는 에너지원으로 사용할 수 없습니다. 원유를 사용 목적에 맞게 LPG, 휘발유, 등유, 경유, 중유 등으로 분리·정제해야 하죠. 이렇게 원유를 분리·정제해 다양한 에너지원을 생산하는 산업을 정유 산업이라고 합니다. 이번 파트에서는 정유 산업의 A부터 Z까지 자세히 공부합니다. 멀게만 느껴졌던 정유 산업이 우리 일상생활과 맞닿아 있다는 것을 알게 될 거예요.

정유 산업의
태동

원유의 발견부터 정유 공장 설립까지

현대적인 의미의 석유가 쓰이기 시작한 것은 1850년 전후입니다. 당시만 해도 어둠을 밝히는 것은 램프의 몫이었습니다. 램프가 빛을 내기 위해서는 기름 연료가 필요했는데 유럽에서는 아마씨 기름과 올리브 기름을, 미국에서는 고래 기름을 사용하고 있었죠. 하지만 자연에서 얻는 연료로는 램프 수요를 감당하기가 어려웠습니다. 이에 자연스럽게 새로운 연료의 필요성이 대두됩니다.

1846년, 캐나다의 지질학자 에이브러햄 게스너(Abraham Pineo Gesner)는 석탄을 가열해 맑은 기름을 추출하는 방법을 알아냅니다. 이 기름은 고래 기름보다 더 밝고 깨끗한 불꽃을 만들어냈는데, 이것이 바로 등유입니다. 그리고 1852년, 폴란드의 약사 루카시에비치(Ignacy Lukasiewicz)가 원유에서 등유를 분리하는 데 성공합니다. 또, 근대적인 등유 램프도 개발하죠. 등유는 비용이 저렴한 데다 그을음이 적고, 빛도 밝아 곧 큰 인기를 얻습니다. 하지만 당시에는 바위 틈에서 자연적으로 흘러나오는 원유를 사용했기에 등유의 대량 생산이 불가능했죠.

　　1853년, 미국의 변호사 조지 비셸(George Bissell)은 대학의 연구실에서 원유 샘플(Rock oil)을 접합니다. 이미 원유에서 등유를 얻을 수 있다는 것과 등유의 수요가 많다는 것을 알고 있었기에 충분한 양의 원유를 채굴해 적절하게 정제한다면 큰돈이 될 것임을 직감하죠. 비셸은 투자자를 모집해 펜실베니아에 석유 회사를 세웁니다. 그리고 시추 책임자로 철도 회사의 차장 출신인 에드윈 드레이크(Edwin Drake)를 고용합니다. 에드윈 드레이크는 각고의 노력 끝에 1859년, 땅 속에서 원유를 퍼올리는 데 성공합니다. 기계 굴착을 통해 무려 21m를 파내려간 결과였죠.

　　유전을 개발해 충분한 양의 원유를 얻는 데 성공하면서 1860년대에는 오일 러시 광풍이 붑니다. 그러나 이러한 광풍은 1879년, 미국의 발명가인 토마스 에디슨(Thomas Alva Edison)이 백열등(전구)을 발명하면서 급격하게 사그라듭니다. 오일 램프의 수요가 줄면서 석유 산업은 큰 위기에 빠지죠. 다행히 얼마 지나지 않아 오일 램프보다 더 큰 수요가 등장합니다. 바로 내연기관 자동차입니다.

　최초의 자동차는 증기기관을 엔진으로 사용했습니다. 증기기관은 석탄을 태워서 생긴 열로 물을 끓이고, 물이 끓으면서 발생하는 수증기가 기계를 움직이는 방식입니다. 석탄과 보일러, 물을 실어야 하다 보니 차량이 무거웠고, 엔진의 힘이 약해 속도 역시 느렸습니다. 이때 발명가들의 눈길을 끈 연료가 있었으니, 바로 휘발유입니다. 당시 휘발유는 원유에서 등유를 정제하면서 나오는 부산물에 불과했습니다. 폭발성이 강하고, 딱히 쓸모가 없어 그대로 내다 버리는 경우가 많았죠. 하지만 휘발유의 강한 폭발력은 힘 센 엔진을 만드는 데 제격이었습니다.

　1886년, 독일의 발명가 칼 벤츠(Karl Friedrich Benz)가 휘발유로 움직이는 내연기관 자동차를 발명합니다. 그리고 1908년, '자동차의 왕'이라 불리던 미국의 기업가, 헨리 포드(Henry Ford)가 자동차 대량 생산에 성공하면서 자동차 대중화의 시대가 열립니다. 또, 비슷한 시기에 라이트(Wright) 형제가 휘발유 엔진을 장착한 프로펠러 글라이더로 비행에 성공하면서 휘발유는 비행

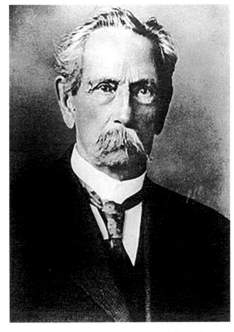

| 그림 3-1. 내연기관 자동차를 발명한 칼 벤츠 |

기에도 사용이 되죠. 자동차에 비행기까지 더해지며 휘발유 수요는 폭증합니다. 그리고 곧 휘발유는 등유를 제치고 원유에서 가장 중요한 연료로 자리매김합니다.

1887년에는 독일의 기술자 루돌프 디젤(Rudolf Diesel)이 원유의 또 다른 부산물이었던 경유를 연료로 사용하는 디젤 엔진을 발명합니다. 이후 디젤 엔진은 나날이 발전하여 기관차, 선박, 자동차 등에 적용되었고, 덕분에 경유의 수요 역시 증가합니다.

또, 원유의 부산물 중 가장 많은 양을 차지했던 중유도 새로운 쓰임새를 찾습니다. 미국과 유럽의 국가들이 석탄보다 재점화가 쉽고 값이 싼 중유를 함대(선박)의 연료로 쓰기 시작한 것입니다.

이렇게 쓸모 없다고 여겨지던 원유의 부산물들이 하나씩 자리를 찾아가며 석유 산업은 더욱 발전합니다. 그리고 1912년, 드디어 미국에 최초의 현대식 정유 공장이 세워집니다. 원유에 열을 가한 후, 끓는점에 따라 휘발유, 등유, 경유, 중유를 차례로 생산해냈죠. 다양한 용도의 석유 제품이 값싸게 대량 생산되면서 그것을 연료로 사용하는 기계의 개발이 촉진되었고, 이에 따라 자동차, 항공기, 선박과 같은 거대한 산업이 크게 성장합니다. 그리고 제1차, 제2차 세계 대전에서 자동차(탱크), 선박(함대), 비행기(전투기) 등이 핵심 무기로 사용되면서 연료를 생산하는 정유 산업의 중요성은 더욱 더 커집니다.

한국의
정유 산업

한국 정유 산업의 현황

원유가 한 방울도 나지 않는 한국은 세계 5위의 원유 수입국입니다. 그런데 동시에 세계 6위의 정유 강국이기도 합니다. 원유를 분리·정제한 후 LPG, 휘발유, 나프타, 등유, 경유 등의 석유 제품으로 만들어 전 세계로 수출하고 있죠. 심지어 수입한 원유의 무려 60%에 해당하는 양을 다시 수출하고 있습니다. 단일 공장 기준으로 전 세계에서 가장 큰 정유 공장 6곳 중 3곳이 한국에 위치해 있으며 세계 최고 수준의 기술력을 자랑합니다.

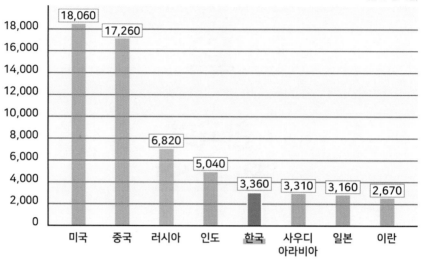

순위	국가	기업명	일일 원유 정제 능력
1	인도	잠나가르 (Jamnagar Refinery)	1,240
2	베네수엘라	파라구아나 (Paraguana Refinery Complex)	971
3	아랍에미리트	루와이스 (Ruwais Refinery)	922
4	한국	SK에너지 울산 공장	840
5	한국	현대오일뱅크 대산 공장	690
6	한국	에스오일 온산 공장	669
7	나이지리아	단고트 (Dangote Refinery)	650
8	싱가포르	주롱아일랜드 (Jurong Island Refinery)	593
9	미국	갤버스턴베이 (Galveston Bay Refinery)	592
10	미국	게리빌 (Garyville Refinery)	585

| 그림 3-2. 국가별 일일 원유 정제 능력(2022년 기준)(위)과 단일 공장 기준 일일 원유 정제 능력(아래) |

중동의 원유가 한국으로 오는 과정

우리나라는 대부분의 원유를 중동에서 수입합니다. 그렇다면 중동의 원유가 국내로 들어오기까지 얼마의 기간이 소요될까요?

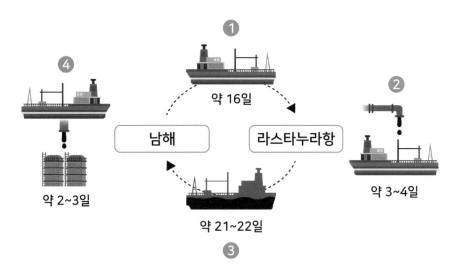

| 그림 3-3. 중동의 원유가 우리나라로 오는 과정 |

① 원유를 수송하는 배인 유조선이 남해를 떠나 25,000km를 달려 사우디아라비아의 원유 선적항인 라스타누라항까지 도착하는 데 약 16일 정도가 걸립니다.

② 또, 유조선에 180만 배럴(9만 5천 톤)의 원유를 채우는 데 3~4일이 걸리죠.

③ 갈 때는 16일 정도면 충분했지만, 올 때는 배가 무겁기 때문에 약 21~22일이 소요됩니다.

④ 그리고 남해안에 도착한 유조선의 원유를 지상의 원유 저장 탱크로 옮기는 데 2~3일이 걸립니다.

결과적으로 중동의 원유를 한국의 저장 탱크로 옮기기까지는 대략 35~46일의 기간이 소요됩니다.

험난한 원유 수송로와 원유 비축

원유 수송은 시간이 오래 걸릴뿐더러, 그 과정도 순탄치만은 않습니다. 한국이 수입하는 원유의 약 67%가 중동 지역의 원유입니다. 이를 실어오기 위해서는 페르시아만, 호르무즈 해협, 인도양, 말라카 해협, 남중국해, 동중국해의 해상로를 거쳐야만 합니다. 문제는 이 길목이 매우 위험하다는 것입니다.

먼저, 대규모 유전이 밀집해 있는 페르시아만은 중동의 주요 해상 교통로인 만큼 나라 간의 분쟁이 끊이지 않습니다. 또, 이곳을 통과하려면 대형 유조선이 항해하기에 매우 좁은 지형인 호르무즈 해협을 지나야 하죠. 인도양과 말라카 해협에서는 인도와 파키스탄이 대립하고 있습니다. 이어지는 남중국해와 동중국해 역시 대량의 원유와 천연가스 등이 매장되어 있어 이를 둘러싼 국가 간의 분쟁이 최근까지도 지속되고 있죠.

원유 공급에 차질이 생기면 한국 경제도 엄청난 타격을 받기에 정부는 만일을 대비하여 약 8개월가량 사용할 수 있는 원유를 비축하고 있습니다.

| 그림 3-4. 우리나라의 원유 수송로 |

정유 산업 1단계
- 분별 증류 공정

① 분별 증류 공정　　② 전환 공정　　③ 고도화 공정(탈황)　　④ 혼합 공정

　　원유를 분리·정제하는 공정은 크게 4단계로 나뉩니다. 정유 기업마다 공정 순서와 방법이 다 다르고, 실제로는 훨씬 더 복잡하지만 이해를 돕기 위해 공정을 단순화하였습니다. 지금부터 각 공정을 하나씩 따라가보겠습니다.

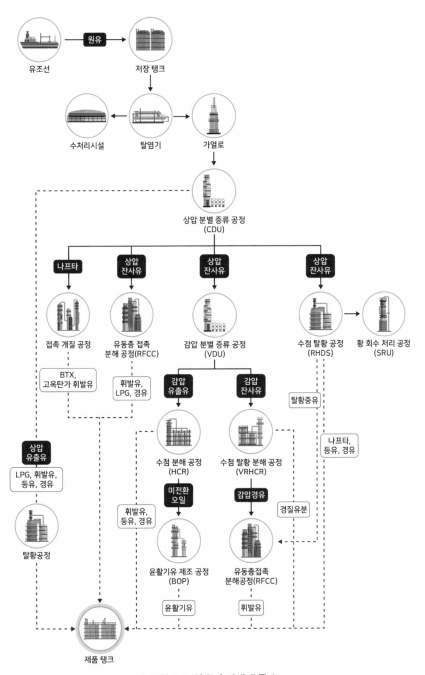

| 그림 3-5. 원유의 정제 흐름 |

정유의 첫 걸음, 탈염 공정

원유에는 기름 외에도 수분, 염분, 철분, 진흙 등 다양한 불순물이 포함되어 있습니다. 원활한 작업을 위해서는 불순물, 그중에서도 염분을 반드시 제거해야 합니다. 이렇게 원유에서 염분을 제거하는 과정을 탈염 공정(Desalting)이라 합니다. 탈염 공정은 염분이 기름보다 물에 더 잘 녹는 성질을 이용하는 것인데요, 그 과정은 다음과 같습니다.

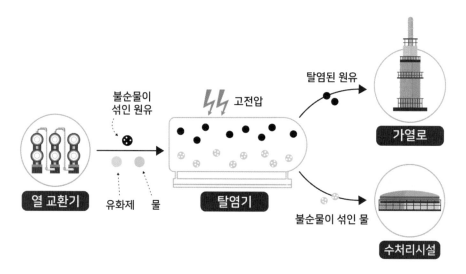

| 그림 3-6. 원유의 탈염 과정 |

① 열 교환기에서 약 130℃로 예열된 원유를 탈염기에 주입합니다. 그리고 물과 유화제(Emulsifier)를 함께 넣어줍니다.

② 유화제로 인해 물과 원유가 탈염기 내부에서 섞이고, 원유 내에 있던 염분

등의 불순물이 물 입자 내로 이동합니다. 즉, 불순물이 원유에서 물로 옮겨집니다. 이제 물만 분리하면 되겠죠?

③ 탈염기 내부에 설치된 전극을 이용해 고전압을 걸어주면 밀도가 높아 무거운 물은 아래로, 밀도가 낮아 가벼운 원유는 위로 모입니다. 이렇게 밀도 차이에 의해 걸러진 아래쪽의 물은 수처리 공정으로 보내지고, 위쪽의 탈염된 원유는 후속 공정을 위해서 가열로로 보내집니다.

정유의 핵심, 상압 분별 증류 공정

1. 분별 증류란?

원유에는 여러 종류의 탄화수소가 섞여 있습니다. 이때, 탄소의 개수가 비슷할수록 물리적인 성질 역시 비슷합니다. 용도에 맞는 제품을 얻기 위해서는 비슷한 성분끼리 분류해야 합니다. 앞에서 배운 증류의 원리를 이용하면 크기별로 탄화수소를 분리할 수 있습니다. 이렇게 탄화수소를 크기별로 분리하는 과정을 분급(Fractionation)이라 하고, 분급된 각각의 기름 성분을 유분이라고 합니다. 유분은 탄소의 숫자가 적어 가벼운 경질 유분과 탄소의 숫자가 많아 무거운 중질 유분으로 나눌 수 있는데, 경질 유분이 중질 유분보다 부가가치가 높습니다.

증류를 통해 분급된 여러 유분을 얻는 방법을 분별 증류(Fractional distillation)라 부릅니다. 분별 증류는 모두 상압(대기압)에서 이루어져 현업에서는 상압 증류(Atmospheric distillation, AD) 또는 원유 증류(Crude distillation, CD)라는 표현을 쓰고 있습니다.

2. 상압 분별 증류의 원리와 과정

'정유 공장' 하면 무엇이 가장 먼저 떠오르나요? 아마 높게 솟아 있는 커다란 탑 모양의 구조물이 생각날 거예요. 바로 상압증류탑입니다.

상압증류탑은 50m 이상의 높이에, 직경이 수 m에 달하는 거대한 설비입니다. 내부에는 많은 구멍이 뚫려 있는 트레이(칸막이)가 단(段) 형태로 설계되어 있습니다.

| 그림 3-7. 상압증류탑 외부(좌) 및 내부(우) 모습 |

상압증류탑에서 진행되는 분급의 원리는 다음과 같습니다. 그림 3-8을 함께 봐주세요. 증류탑 내부에는 A유분, B유분, C유분이 있습니다. A유분이 끓는점이 가장 낮고, C유분이 끓는점이 가장 높습니다. 원유를 가열하면 세 유분 모두 기화되어 상부로 올라갑니다. 그런데 위로 올라갈수록 온도가 낮아집니다. 끓는점이 낮은 즉, 낮은 온도에서도 기화가 가능한 A와 B유분은 다음 트레이로 올라가지만, 끓는점이 높은 C유분은 더 이상 올라가지 못하고 트레이 상단에 닿아 액체가 되어 하부로 내려옵니다. 이 모습을 잘 보여주는 것이 그림 3-8의 오른쪽 아래 동그라미입니다.

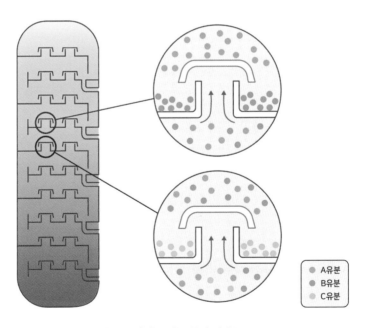

| 그림 3-8. 상압 분별 증류의 원리 |

그런데 하부로 갈수록 온도가 높아집니다. 액체가 되었던 C유분은 하단에서 다시 기체가 되어 위로 올라가죠. 그러다 상단에 닿아 또 액체가 되어 하단으로 내려옵니다. 이렇게 C유분은 해당 트레이에서 기화와 액화를 반복하다 결국 기체의 형태로 증류탑을 빠져나옵니다.

이번에는 한 층 위의 트레이로 가보겠습니다. 그림 3-8의 오른쪽 위 동그라미를 봐주세요. A유분과 B유분이 기화되어 위로 올라가고 있습니다. 위로 갈수록 온도가 낮아지므로 끓는점이 낮은 A유분은 더 위층의 트레이로 올라가지만, 끓는점이 A유분보다 높은 B유분은 트레이 상단에 닿아 액체가 되어 하부로 내려옵니다. 하부로 갈수록 온도가 높아지므로 액체가 되었던 B유분은 다시 기체가 되어 상부로 올라가죠. 이렇게 B유분도 해당 트레이에서 기화와 액화를 반복하다 결국 기체의 형태로 증류탑을 빠져나옵니다.

원유에 섞여 있는 각각의 유분들은 끓는점에 따라 서로 다른 높이의 트레이에서 증류탑을 빠져나옵니다. 이렇게 기화된 형태로 증류탑을 빠져나온 유분을 유출유(Distillate)라고 합니다. 반면 끓는점이 높아 기화가 되지 않고 끝까지 증류탑에 남아 있는 유분도 있습니다. 이러한 유분을 잔사유(Residue)라고 합니다. 보통 증류탑의 높이가 높을수록, 내부의 트레이가 촘촘하고 많을수록 고순도의 유분을 뽑아낼 수 있습니다.

3. 상압 분별 증류의 결과물

상압 분별 증류를 거쳐 분급된 유분은 어떤 것들이 있을까요? 그림 3-9를 함께 보면서 각각의 특징을 알아보겠습니다.

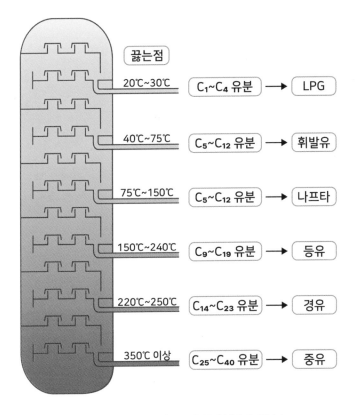

| 그림 3-9. 상압 분별 증류를 통해 분급된 유분 |

① LPG

증류탑에 원유를 넣고 가열하면 20~30℃ 구간에서 탄소 수가 1(C_1)~4(C_4) 개인 유분들이 기화되어 분리됩니다. 이 기체들을 모아 만든 것이 바로 LPG(Liquefied Petroleum Gas)입니다. LPG는 부피가 크고 이동이 어려워 보통 액체화한 상태로 사용합니다. 이러한 이유에서 LPG를 액화석유가스라고 부릅니다. 또, LPG는 질소산화물과 일산화탄소 배출이 현저히 적어 친환경 에너지로 불리기도 합니다.

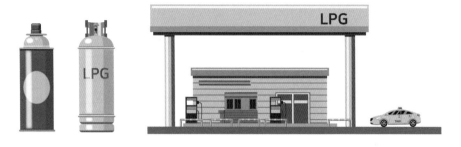

| 그림 3-10. LPG의 다양한 쓰임새(왼쪽부터 부탄가스, 가정용 LPG, LPG 주유소) |

LPG의 주 성분은 메탄(C_1), 에탄(C_2), 프로판(C_3), 부탄(C_4)입니다. 이중 상품성이 높은 부탄과 프로판은 취사 및 난방용, 차량의 연료로 사용합니다. 프로판과 부탄은 무색, 무취의 특성을 갖습니다. 가스가 누출될 경우, 이를 인지하기가 어렵기 때문에 제품으로 만들 때는 가스 냄새가 나도록 취기제를 주입합니다.

② 휘발유

증류탑의 40~75℃ 구간에서는 탄소 수가 5(C_5)~12(C_{12})개인 유분들이 기화되어 분리됩니다. 이 유분들을 활용하면 휘발유를 만들 수 있습니다. 휘발유는 상온에서도 쉽게 증발하고 불이 잘 붙어 자동차 연료로 주로 쓰이며 프로펠러를 가진 경비행기의 연료로도 사용됩니다. 이 외에 드라이클리닝에서도 활용되는데요, 물을 사용하는 일반 세탁과 달리, 드라이클리닝은 휘발유나 벤젠 등의 기름을 정제하여 만든 용제를 이용해 세탁합니다. 이런 이유로 드라이클리닝을 한 옷에서는 휘발유 냄새가 납니다. 이렇게 다양한 용도로 쓰이는 휘발유는 여러 유분 중 부가가치가 가장 높습니다.

③ 나프타

증류탑의 75~150℃ 구간에서는 탄소 수가 5(C_5)~12(C_{12})개인 유분들이 기화되어 분리됩니다. 이 유분들로는 흔히, 납사라고 불리는 나프타(Naphtha)를 만들 수 있습니다. 나프타는 정유 산업보다는 뒤에서 다룰 석유화학 산업에서 더욱 중요합니다. 나프타를 한 번 더 분해하면 석유화학 산업에서 꼭 필요한 기초 유분을 얻을 수 있기 때문이죠.

나프타는 크게 경질 나프타와 중질 나프타로 구분됩니다. 경질 나프타는 100℃ 이하에서 추출되며 석유화학의 원료로 사용됩니다. 중질 나프타는 100℃ 이상에서 추출되며 후속 공정을 통해 고부가가치 상품인 B.T.X.와 휘발유를 만들기 위한 원료가 됩니다. 이 내용은 뒤에서 다시 배웁니다.*

④ 등유

증류탑의 150~240℃ 구간에서는 탄소 수가 9(C_9)~19(C_{19})개인 유분들이 기화되어 분리됩니다. 이 유분들로는 등유(Kerosene)를 만들 수 있습니다. 등유는 다른 연료에 비해 그을음과 소음이 적어 주로 난방용과 취사용으로 쓰

* 상압증류탑에서 나오는 각각의 유분이 곧 우리가 사용하는 LPG, 휘발유, 나프타, 등유, 경유, 중유 등의 제품인 것으로 오해하기 쉽습니다. 정확하게는 증류탑에서 뽑아낸 유분에 다른 물질들을 혼합하여 각각의 제품으로 만들 수 있는 것입니다.

입니다. 또, 등유는 비행기 연료인 항공유로도 사용하는데요, 왜 항공유로 등유를 쓰는 걸까요? 하늘에서는 기온과 압력이 수시로 변해 연료에 불이 붙거나 연료가 얼 수 있습니다. 이 때문에 휘발성이 적고 어는점이 낮은 연료를 사용해야 하는데 탄소 수 9(C_9)~19(C_{19})개 범위의 유분들이 이러한 조건을 잘 충족합니다. 그래서 등유에 첨가제를 섞어 항공유를 만들고 있습니다.

⑤ 경유

증류탑의 220~250℃ 구간에서는 탄소 수가 14(C_{14})~23(C_{23})개인 유분들이 기화되어 분리됩니다. 이 유분들로는 경유(Diesel oil)를 만들 수 있습니다. 경유의 대부분은 디젤 엔진 자동차의 연료로 쓰이고, 일부는 도시가스의 열량을 높이는 데 사용됩니다. 디젤 엔진 자동차는 연비가 좋고 연료의 가격이 저렴하다는 장점이 있지만, 미세먼지와 같은 유해물질을 배출한다는 단점 때문에 최근에는 사용을 줄이는 추세입니다. 경유는 후속 공정을 통해 휘발유로 변환할 수 있는데요, 이 과정은 뒤에서 자세히 배우도록 하겠습니다.

⑥ 중유

증류탑의 온도가 350℃까지 올라가도 계속 탑 내부에 남아 있는 유분이 있습니다. 탄소 수가 25(C_{25})~40(C_{40})개나 되는 무거운 유분들이죠. 이 유분들로는 중유(Bunker-C oil)를 만들 수 있습니다. 중유는 황이나 질소와 같은 불순물이 많아 연료로 사용하면 오염 물질이 발생합니다. 하지만 값이 저렴하고, 대량 생산이 가능한 데다 한 번 불이 붙으면 엄청난 화력을 자랑해 선박,

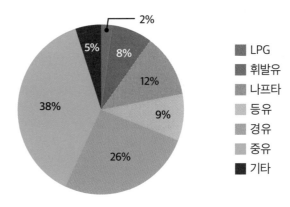

| 그림 3-11. 1차 상압 분별 증류 결과 |

화력 발전소 등에서 사용하고 있습니다.

증류탑의 온도를 계속 높이면 중유 역시 증류탑에서 분리할 수 있습니다. 문제는 높은 온도로 인해 유분의 품질이 떨어지고 설비가 손상된다는 건데요, 이때 온도를 높이지 않고도 중유를 효과적으로 분리할 수 있는 방법이 있습니다. 바로 감압 분별 증류입니다.

감압 분별 증류 공정

1. 감압 분별 증류의 원리와 결과물

높은 산에서 밥을 지으면 밥이 설익습니다. 고도가 높아지면 기압이 낮아져 물이 100℃보다 낮은 온도에서 끓기 때문입니다. 이처럼 압력이 낮아지면 액체의 끓는점 또한 낮아집니다. 이 원리를 그대로 차용한 것이 감압 분별 증류입니다. 감압이란 압력을 낮추는 것을 뜻합니다. 상압 하에서는 350℃에서 끓던 중유가 30~80mmHg까지 압력을 낮추면(감압) 끓는점이 240℃로 낮아집니다. 이처럼 감압을 통해 중질유의 끓는점을 낮춘 후 다시 분별 증류를 하는 것을 감압 분별 증류(Vacuum distillation, VD)라고 합니다. 감압 분별 증류가 이루어지는 탑을 감압증류탑(Vacuum distillation unit, VDU)이라고 하는데, 상압증류탑과 그 설비는 유사하지만 증류 시스템의 압력은 진공에 가깝습니다.

감압 분별 증류를 통해 기화된 유분은 감압유출유(Vacuum distillate, VD) 혹은 감압가스오일(Vaccuum gas oil, VGO), 끝까지 기화되지 않고 탑 내부에 남아 있는 유분은 감압잔사유(Vacuum residue, VR)라고 부릅니다.

진짜 하루만에 이해하는 정유·석유화학 산업

정유 산업 2단계
- 전환 공정(분해와 개질)

① 분별 증류 공정   ② 전환 공정   ③ 고도화 공정(탈황)   ④ 혼합 공정

휘발유와 중유

휘발유의 품질은 옥탄가로 측정합니다. 가솔린 엔진은 전기 불꽃(Spark) 점화 방식으로, 엔진 내부에서 점화 타이밍이 안 맞으면 '탁탁' 하는 소음이 발생합니다. 이를 노킹(Knocking)이라 하는데 노킹은 연소 효율을 떨어뜨리

| 그림 3-12. 주유소에서 만날 수 있는 휘발유와 고급 휘발유 |

고, 엔진 출력을 저하하는 주된 요인입니다. 노킹이 얼마나 발생하는지 측정하는 기준이 바로 옥탄가입니다. 탄소 수가 8개인 이소옥탄으로 연료를 만들면 노킹이 잘 발생하지 않습니다. 이 상태가 옥탄가 100입니다.* 반대로 탄소 수 7개의 노말헵탄으로 연료를 만들면 노킹이 심하게 발생합니다. 이 경우 옥탄가가 0입니다. 옥탄가가 90이라는 건, 이소옥탄 90%와 노말헵탄 10%를 혼합한 휘발유에 해당하는 성능이 나온다는 것을 의미합니다. 옥탄가가 높을수록 고급 휘발유인데, 국내 기준 일반 휘발유의 옥탄가는 91~94, 고급 휘발유의 옥탄가는 94 이상입니다. 분별 증류의 결과물 중 휘발유, 그중에서도 고급 휘발유의 가치가 제일 높습니다.

---

* 옥탄가는 100이 최고점이 아닙니다. 100이 넘어가는 고옥탄가의 탄화수소들도 있습니다.

과거에는 중유의 수요가 충분해 그대로 내다 팔 수 있었지만, 지금은 환경 규제와 LNG 같은 대체 연료들로 인해 수요가 크게 줄어들었습니다. 상황에 따라 중유의 가격이 원유 가격보다도 더 저렴할 때가 있는데, 최종 제품이 원재료 가격보다도 낮으니 팔수록 손해가 발생합니다. 이렇듯 중유는 부가가치가 매우 낮기 때문에 정유사 입장에서는 휘발유의 비중을 높이고, 중유의 비중을 낮추는 것이 곧 수익성을 높이는 지름길입니다.

문제는 분별 증류를 통해 얻을 수 있는 휘발유의 양은 적고, 중유의 양은 많다는 것입니다. 이런 이유로 정유 산업은 다른 유분을 휘발유로 전환하는 쪽으로 기술을 발전시켜 왔습니다. 분해와 개질이 대표적인 기술이죠. 중질유인 잔사유를 경질유로 만들고(분해), 이를 다시 휘발유로 바꾸는 것(개질)이 바로 2단계 전환 공정입니다.

그렇다면, 분해와 개질은 어떻게 진행될까요? 이를 이해하기 위해서는 먼저 탄화수소의 모양과 분자 구조를 알아야 합니다.

탄화수소의 다양한 모양과 구조

원유를 구성하고 있는 탄화수소는 그 모양에 따라 크게 사슬형과 고리형으로 나뉩니다. 탄소 간의 결합이 직선 형태이면 사슬형, 고리 형태이면 고리형입니다. 사슬형과 고리형 안에서 탄소 원자의 결합이 단일 결합이면 포화 탄화수소(Saturated hydrocarbon), 이중이나 삼중 결합이면 불포화 탄화수소

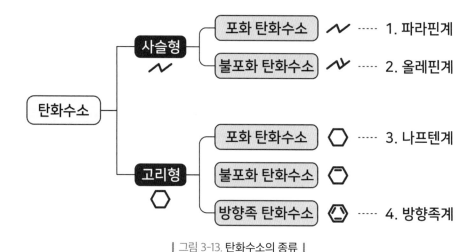

| 그림 3-13. 탄화수소의 종류 |

(Unsaturated hydrocarbon)가 됩니다. 이 외에 고리형으로 된 방향족 등이 있습니다. 탄화수소는 그 모양에 따라 특성이 다 다릅니다. 지금부터 하나씩 살펴보겠습니다.*

1. 파라핀계

파라핀(Paraffin)계는 사슬형 포화 탄화수소를 말합니다. 탄소들이 구불구불한 직선의 사슬 구조를 갖추고 있으며, 탄소 원자 사이의 결합이 단일 결합으로 이루어져 있습니다. 원유를 이루는 구성 성분 중 가장 많은 비중을 차지하며, 매우 안정된 상태입니다. 파라핀계 탄화수소를 다른 말로는 알

---

* 이해를 돕기 위해 탄화수소 이미지들은 수소를 제외하고 탄소만 표시했습니다.

칸(Alkane)[*]이라고도 합니다. 알칸은 모양에 따라 직쇄 모양의 알칸(Linear alkane), 측쇄 모양의 알칸(Branched alkane)으로 나뉩니다. 측쇄 알칸이 직쇄 알칸보다 더 부드럽고 힘 있게 연소하므로 부가가치가 높습니다.

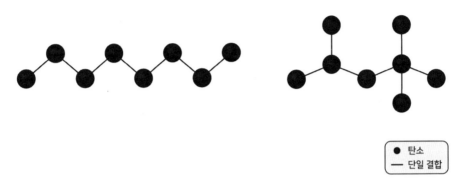

| 그림 3-14. 직쇄 알칸(노말옥탄)과 측쇄 알칸(이소옥탄) |

2. 올레핀계

올레핀(Olefin)계는 사슬형 불포화 탄화수소를 말합니다. 원자 사이의 결합이 이중 결합 또는 다중 결합으로 이루어져 있습니다. 다른 말로는 알켄(Alkene)이라고도 합니다. 올레핀은 화학적으로 매우 불안정해 원유에는 거의 포함되어 있지 않습니다.

---

*　개정된 유기화합물 명명법에 따르면, Alkane은 알케인, Alkene은 알킨, Alkyne은 알카인으로 표기해야 합니다. 다만, 책에서는 독자의 이해를 돕기 위해 이전부터 써왔던 좀 더 익숙한 표현인 알칸(Alkane), 알켄(Alkene), 알킨(Alkyne)으로 표기를 하였습니다. 부테인 가스를 실생활에서는 부탄 가스라고 부르는 것과 비슷한 느낌으로 이해하면 됩니다.

| 탄소
— 단일 결합
= 이중 결합

| 그림 3-15. 올레핀계 탄화수소의 구조(왼쪽부터 1-헥센, 1,3-부타디엔) |

원유의 분해 공정 과정에서 올레핀계 탄화수소가 많이 생성되는데요. 이 탄화수소들은 연료의 효율을 떨어뜨려, 정유 산업에서는 선호하지 않습니다. 반면 석유화학 산업에서는 기초 원료를 만들 수 있어 매우 중요합니다.

사슬형 탄화수소 중 이중 결합이 없는 포화 구조를 가지면 파라핀(알칸), 이중 결합이 있는 불포화 구조를 가지면 올레핀(알켄)이 됩니다. 화학적으로 파라핀과 올레핀은 형제와도 같습니다. 파라핀계의 탄화수소는 수소만 떼어내면(탈수소화 반응) 언제든 올레핀계로 변환할 수 있습니다. 마찬가지로 올레핀계의 탄화수소는 수소를 첨가하면(수소화 반응) 언제든 파라핀계로 변환이 가능하죠. 이에 정유 기업들은 필요에 따라 파라핀과 올레핀의 양을 조절해서 생산하고 있습니다.

3. 나프텐계

나프텐(Naphthene)계는 찌그러진 고리형 포화 탄화수소를 말합니다. 알칸이 고리 형태를 갖추고 있는 구조로 오각형, 육각형, 칠각형 등 반지와 같은 모양을 띠고 있어 사이클로알칸(Cycloalkane)이라고도 합니다. 원유를 이루는

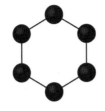

● 탄소
— 단일 결합

| 그림 3-16. 나프텐계 탄화수소의 구조(왼쪽부터 사이클로헥산, 사이클로펜탄) |

구성 성분 중 두 번째로 많은 비중을 차지하며, 안정성 측면에서는 알칸(또는 파라핀)보다 더 우수합니다. 나프텐계의 탄화수소가 많이 포함되어 있는 유분이 바로 나프타입니다. 나프텐계 탄화수소는 뒤에서 설명할 B.T.X.를 제조하는 데 주요 원료로 사용됩니다.

4. 방향족계

벤젠은 탄소와 수소가 각각 6개로 이루어진 육각형이면서 평면 구조인 불포화 고리형 탄화수소입니다. 방향족(Aromatics)계는 그림 3-17에서 볼 수 있듯, 벤젠을 포함해 벤젠고리를 모체로 한 탄화수소 유도체*를 말합니다. 참고로 방향족에 속하는 화합물에서는 독특한 향이 나기 때문에 아로마틱이라는 이름이 붙었습니다. 벤젠(Benzene), 톨루엔(Toluene), 자일렌(Xylene)이 대표적인 방향족 탄화수소이며, 이 셋의 앞 글자를 따서 B.T.X.라고 합니다.

---

* 유도체란 모체의 일부분이 변하여 만들어지는 화합물을 말합니다.

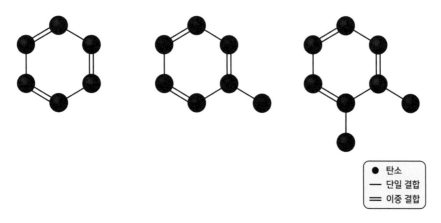

| 그림 3-17. 방향족계 탄화수소 구조(왼쪽부터 벤젠, 톨루엔, 오쏘-자일렌) |

방향족 탄화수소는 이중 결합을 갖지만, 고리 형태로 되어 있어 안정적입니다. 정유 산업과 석유화학 산업에서 모두 선호해 부가가치가 높지만, 원유에는 매우 소량으로 존재합니다.

고급 휘발유는 옥탄가가 높은 파라핀계 측쇄 알칸과 나프텐계 탄화수소

| 그림 3-18. 고급 휘발유를 구성하는 주요 탄화수소 |

진짜 하루만에 이해하는 정유·석유화학 산업

그리고 방향족계 B.T.X.로 이루어져 있습니다. 이제 분해와 개질을 통해 다른 모양의 탄화수소들을 고옥탄가 탄화수소로 바꾸는 과정을 알아보겠습니다.

분해 : 탄화수소를 짧게 쪼갠다

탄소 수가 많으면 중질유, 탄소 수가 적으면 경질유입니다. 그렇다면 탄소 수를 줄여 중질유를 경질유로 바꿀 수 있겠죠? 이때 활용되는 기술이 바로 분해(Cracking, 크래킹)입니다. 분해란 길이가 긴 탄화수소를 작게 자르는 공정입니다. [탄소-탄소] 혹은 [탄소-수소] 단일 결합을 깨면 탄화수소가 작게 쪼개지며 중질유를 경질유로 바꿀 수 있습니다. 예를 들면, 길이가 긴 직쇄형 탄화수소를 잘라, 길이가 짧은 직쇄형 또는 측쇄형 탄화수소로 만드는 것이죠. 탄화수소를 자르는 화학적 도구에는 두 가지가 있는데요. 바로 열과 촉매입니다.

1. 열로 자르는 열 분해

열 분해(Thermal cracking)란 탄화수소를 열로 쪼개는 공정입니다. 그림 3-19에서 볼 수 있듯, 원유에 고온(500~800℃)의 열을 가하면 탄화수소의 [탄소-탄소] 혹은 [탄소-수소] 결합이 깨지면서 탄화수소의 특정 부위에 라디칼(Radical)이 생성됩니다. 이 라디칼을 기점으로 연쇄적으로 분해 반응이 일어나 탄화수소의 크기가 작아집니다.

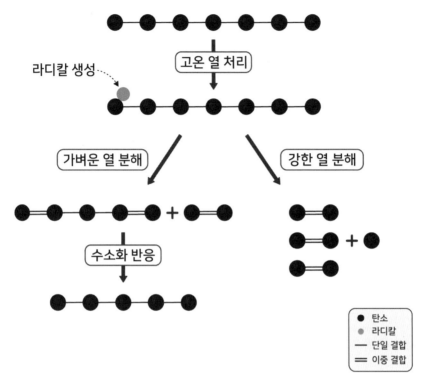

| 그림 3-19. 직쇄 알칸(파라핀)의 열 분해 과정과 올레핀 생성물 |

이 과정으로 생긴 결과물은 보통 [탄소-탄소] 이중 결합을 가지고 있습니다. 즉, 열 분해를 하면 불포화 탄화수소인 올레핀이 다량 생성됩니다. 이 올레핀들은 수소화 공정을 통해 파라핀으로 전환할 수 있습니다. 다만, 열 분해를 하려면 올레핀을 처리하기 위해 수소화 공정이 별도로 필요하고, 고옥탄가에 유리한 측쇄 알칸 역시 비교적 적게 생성되기 때문에 정유 업계에서는 열 분해보다는 촉매 분해를 더 선호합니다. 반면 석유화학 업계에서는 다량의 올레핀을 얻을 수 있는 열 분해를 더 선호합니다.

2. 촉매로 자르는 접촉 분해

접촉 분해(Catalytic cracking)는 열과 촉매를 함께 사용해 탄화수소를 쪼개는 공정입니다. 그림 3-20에서 볼 수 있듯, 500℃ 이내의 온도와 1.7~3 기압 조건에서 산성 촉매를 기화된 탄화수소와 짧게(보통 수초) 접촉시키면 탄화수소에 양이온(Cation)이 형성되고, 이 양이온을 기점으로 분해가 일어납니다. 이때, 분자 내의 원자들이 다양한 위치로 이동하며 분자량(분자식)은 동일하면서 분자 구조만 바뀌는 이성화 반응(Isomerization)이 함께 일어납니다.

열 분해의 라디칼 기점 분해 반응과 달리 접촉 분해의 양이온 기점 분해 반응은 매우 특색 있고 다양한 생성물(이성화물)을 만들어냅니다. 열 분해로 파라핀을 분해하면 작은 사이즈의 올레핀을 얻는 것에 그치지만, 접촉 분해로 파라핀을 분해하면 나프텐, 측쇄형 파라핀, 측쇄형 올레핀, 방향족 화합물, 경

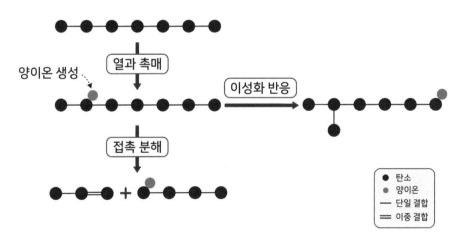

| 그림 3-20. 직쇄 알칸(파라핀)의 접촉 분해 과정과 올레핀 생성물 |

질 가스 유분 등을 모두 얻을 수 있습니다. 이뿐 아니라 촉매를 활용해 열 분해보다 낮은 온도에서 공정을 진행하므로 에너지가 덜 소모됩니다. 즉, 경제적인 면에서도 이득입니다. 이러한 이유로 정유 업계에서는 접촉 분해를 더 선호합니다.

3. 수소와 촉매로 함께 자르는 수첨 분해

탄화수소의 분해 공정을 진행하면 포화 탄화수소 외에도 불포화 탄화수소인 올레핀이 함께 생성됩니다. 올레핀은 수소를 첨가해 파라핀으로 전환이 가능합니다. 그렇다면 분해 공정을 진행할 때 수소를 함께 넣어주는 게 더 좋겠죠? 이렇게 60~100 기압의 수소 가스를 불어넣으면서 접촉 분해를 진행하는 공정을 수첨 분해 공정(Hydrocracking)이라고 합니다.

그림 3-21에서 볼 수 있듯, 수소 없이 접촉 분해를 진행하면 이중 결합을 갖는 알켄(불포화 탄화수소)이 생성되지만, 촉매와 수소를 함께 사용하는 수첨 분해를 진행하면 단일 결합을 갖는 알칸(포화 탄화수소)이 생성됩니다. 또한, 이성화 반응이 활발히 일어나면서 직쇄형 알칸보다 고옥탄가인 측쇄형 알칸이 더 많이 생성되죠. 분해가 더 쉽게 진행되고, 불순물인 황 등에 의해 촉매가 작동하지 않는 피독(Poisoning) 현상을 방지하는 효과도 있습니다. 다만, 수첨 분해를 위해서는 대량의 수소가 필요하고, 고온과 고압의 환경에서 진행되므로 설비 투자에 많은 비용이 들어간다는 단점이 있습니다.

수소는 정유 공장에서 약방의 감초와 같은 역할을 합니다. 중질유를 처리하는 수첨 분해 공정, 수첨 탈황 공정, 유동상 촉매 분해 공정에서뿐 아니라

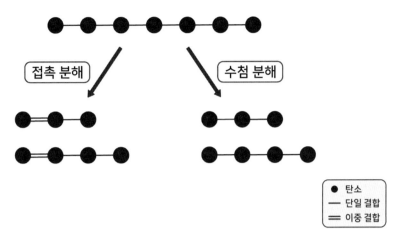

접촉 분해

수첨 분해

● 탄소
— 단일 결합
＝ 이중 결합

| 그림 3-21. 접촉 분해와 수첨 분해의 차이 |

윤활기유 제조에도 수소가 필요합니다. 이런 이유로 수소 생산 플랜트를 따로 운영하거나 뒤에서 배울 접촉 개질(Catalytic reforming) 공정에서 수소를 얻고 있습니다.

개질 : 탄화수소의 구조를 완전히 바꾼다

분해는 탄화수소를 쪼개 중질유를 경질유로 바꾸는 공정입니다. 탄화수소 A를 좀 더 작은 사이즈의 A' 혹은 A''로 만드는 것이죠. 일반적으로 파라핀이 사이즈가 작은 파라핀 또는 올레핀으로 바뀝니다. 반면 개질(Reforming, 리포밍)은 탄화수소의 구조를 변환해 더 고부가가치(옥탄가가 높은)의 휘발유로 만드는 공정입니다. 탄화수소 A를 사이즈가 같은 B 혹은 C로 바꾸는 것입니다. 일반적으로 파라핀이 나프텐으로 또는 나프텐이 방향족으로 바뀝니다. 보통 개질은 접촉 개질 공정으로 진행합니다.

1. 접촉 개질

나프타는 직쇄 알칸, 적은 양의 측쇄 알칸 그리고 소량의 나프텐계 탄화수소로 이루어져 있습니다. 옥탄가가 높은 측쇄 알칸과 방향족 탄화수소가 거의 없어 연료로는 사용이 어렵습니다. 나프타를 고급 휘발유로 전환하기 위해서는 측쇄 알칸과 방향족 탄화수소의 함유량을 높여야 합니다.

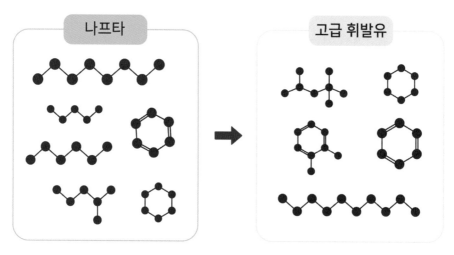

| 그림 3-22. 나프타와 고급 휘발유 속 탄화수소의 비교 |

그림 3-23에서 그림에서 볼 수 있듯, 개질로(Reformer)에 나프타를 넣고, 최대 500℃의 온도와 10~50 기압의 조건에서 촉매로 반응시키면 탈수소

화 반응*, 탈수소 이성화 반응**, 탈수소 고리화 반응*** 등이 연속적으로 발생하면서 방향족 탄화수소가 생성됩니다. 또, 이 과정에서 적당량의 측쇄 알칸과 나프텐계 탄화수소를 얻을 수 있죠. 즉, 나프타로 고급 휘발유를 만들 수 있습니다. 이렇게 접촉 개질 공정을 통해 만들어진 휘발유를 접촉개질유(Reformate)라고 합니다.

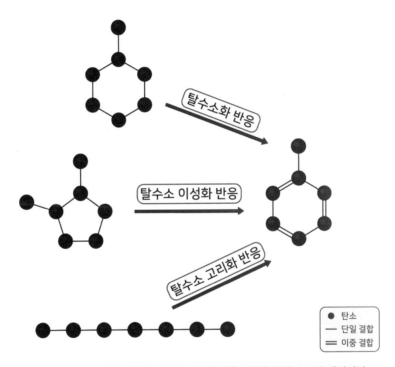

| 그림 3-23. 파라핀 또는 나프텐계의 탄화수소들이 접촉 개질을 통해 수소가 제거되며 방향족 탄화수소 중 하나인 톨루엔으로 변환되는 과정 |

---

* 수소가 제거되며 단일 결합이 이중 결합으로 바뀝니다.
** 수소가 제거되며 단일 결합이 이중 결합으로 바뀌고, 이성화 반응으로 분자 구조가 바뀝니다.
*** 수소가 제거되며 단일 결합이 이중 결합으로 바뀌고, 고리화 반응으로 사슬형이 고리형으로 바뀝니다.

접촉 개질을 하다 보면 대량의 수소가 발생하는데요, 올레핀을 파라핀으로 바꾸기 위해서는 수소가 필요하므로 접촉 개질은 옥탄가도 높이고 수소도 얻을 수 있는 매우 효율적인 공정이라 할 수 있습니다.

정유 산업 3단계 - 고도화 공정(탈황)

① 분별 증류 공정   ② 전환 공정   **③ 고도화 공정(탈황)**   ④ 혼합 공정

　원유의 부가가치는 탄소 수가 적을수록(경질일수록), 그리고 황 함량이 낮을수록 올라갑니다. 그렇기 때문에 정유 산업의 핵심 경쟁력은 고황 중질유(잔사유)를 저황 경질유로 바꾸는 것이라 해도 과언이 아닙니다. 이렇게 고황 중질유를 저황 경질유로 바꾸는 과정을 고도화 공정이라고 합니다. 중질유를 경질유로 바꾸는 공정은 2단계에서 살펴봤으니, 여기서는 황을 제거하는 공정을 알아보겠습니다.

원유에는 황, 질소, 산소 등의 원소가 미량으로 함유되어 있습니다. 휘발유와 경유 같은 연료에 탄소와 수소 외의 다른 원소들, 즉 불순물이 포함되면 세 가지 측면에서 악영향을 미칩니다.

첫째, 환경 오염입니다. 연료에 함유된 질소는 대기오염의 주요 원인인 질소산화물(NOx, 일명 '낙스')을 생성합니다. 황 역시 매연의 원인으로 공기를 오염시키죠. 황은 보통 황산화물(SOx, 일명 '싹스') 또는 황 화합물(R-SH; Mercaptan, 메르캅탄)의 형태로 존재하는데, 황이 함유된 물질은 악취의 원인이 됩니다.

둘째, 촉매의 피독 현상입니다. 접촉 분해와 접촉 개질 공정을 진행하기 위해서는 촉매가 필요합니다. 그런데 원유에 함유된 황 성분은 촉매의 작용을 억제하는 피독 현상을 일으킵니다. 이를 막기 위해 촉매를 사용하는 공정 전에 탈황 공정을 선행하여 황 화합물을 철저하게 제거하고 있습니다.

셋째, 연료의 효율 저하입니다. 연료에 포함된 황, 질소는 연소되지 않기에 연료의 효율을 저하시킵니다.

이러한 이유로 각 공정 전후로 불순물을 제거하는 공정을 진행합니다. 여러 불순물 중 황은 가장 나쁜 영향을 미치기에 법적 규제를 받습니다. 다만, 경질의 유분에서 황을 제거하는 것은 비교적 쉽지만, 중질의 유분에서 황을 제거하는 것은 매우 어렵습니다. 기술력뿐 아니라 고가의 설비 투자가 필요하죠. 분별 증류 시설에 비해 약 4배에 달하는 막대한 비용이 소요됩니다.

황을 제거하는 핵심 기술은 수소화 반응(Hydrogenation)입니다. 금속 산화물 촉매 하에서 황 불순물이 함유된 탄화수소에 수소를 불어넣으면 황 불순물은 황화수소(H_2S) 가스 등으로 전환되어 제거가 됩니다. 이를 수소 탈황 공정(Hydrodesulfurization, HDS)이라 합니다. 이렇게 전환된 황화수소 가스는 촉매를 이용해 회수한 후, 성냥과 화약 등의 원료로 사용합니다. 이를 황 회수 공정(Sulfur recovery plant, SRP)이라 합니다. 황을 제거하는 것과 같은 원리로 질소는 수소를 만나 암모니아(NH_3)로, 산소는 수소를 만나 물(H_2O)로 바뀌어 제거됩니다. 수소 탈황 공정은 황의 제거뿐 아니라, 촉매를 쓰는 접촉 분해와 접촉 개질의 전 공정에서(촉매 보호)도 진행하며, 윤활유의 정제 등의 목적으로도 널리 사용합니다.

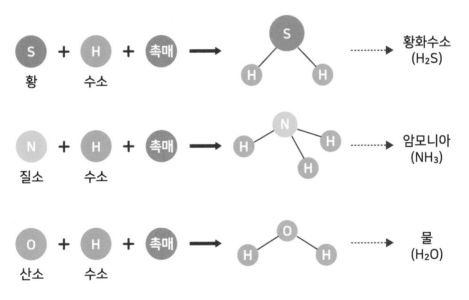

| 그림 3-24. 수소화 반응을 이용하여 불순물을 제거하는 과정 |

정유 산업 4단계
- 혼합 공정

① 분별 증류 공정　　② 전환 공정　　③ 고도화 공정(탈황)　　**④ 혼합 공정**

　　우리가 쓰는 액체 연료는 그 자체로는 불타지 않습니다. 액체에서 증발한 기체 연료에 함유된 탄화수소가 공기 속의 산소와 혼합되고 발화점 이상의 온도로 점화되어 연소가 되는 것입니다. 당연히 액체 연료로부터 기체 증기가 많이 발생할수록 연소가 더욱 잘 되겠죠?

　　그런데 연료가 불에 잘 탄다고 해서 무조건 좋은 것은 아닙니다. 불이 너무 쉽게 붙으면 보관 및 사용 과정에서 화재나 폭발 사고가 발생할 수 있기 때문이죠. 그래서 정유 기업들은 사용 목적에 따라 각 연료의 끓는점, 인화점, 발화점, 증기압, 기화열 그리고 폭발 한계 등을 조절해 최종 제품을 만듭니다. 쉽게 말해, 같은 휘발유라도 '불안하지만, 잘 타게', '안전하지만 약간 덜 타게' 만드는 것입니다. 이렇게 정제된 각종 유분을 제품별 규격에 맞는 비율로 혼합하거나 첨가제를 주입해 품질을 미세하게 조정하는 과정이 바로 4단계 혼합(블렌딩 또는 배합) 공정입니다. 끓는점과 인화점은 최대한 낮고, 발화점과 기화열은 가급적 높은 것이 가장 이상적인 연료입니다.

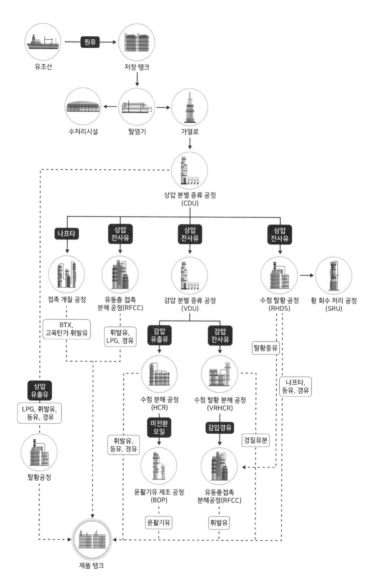

| 그림 3-25. 원유의 정제 흐름 |

1. 원유의 정제 흐름 살펴보기

왼쪽은 정유 산업의 큰 그림을 정리한 이미지입니다. 회사마다 공정 순서와 방법이 다 다르고, 실제 공정은 훨씬 더 복잡하지만 이해를 돕기 위해 최대한 간결하게 표현했습니다. 이 그림을 바탕으로 배운 내용을 다시 한번 복습해보겠습니다.

우리나라는 중동에서 원유를 수입합니다. 중동의 원유가 유조선을 통해 국내로 들어오기까지는 약 35~46일의 기간이 걸립니다.

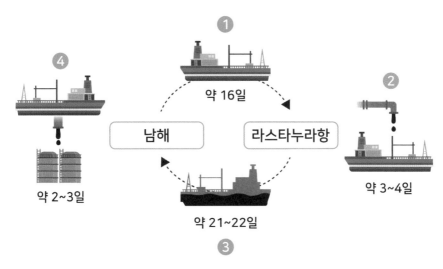

| 그림 3-26. 중동의 원유가 우리나라로 오는 과정 |

원유에는 불순물이 많이 섞여 있습니다. 이중 염분은 반드시 제거해야 하죠. 저장 탱크의 원유를 열 교환기에서 약 130℃로 예열한 후, 탈염기에 주입하여 탈염 공정을 수행합니다.

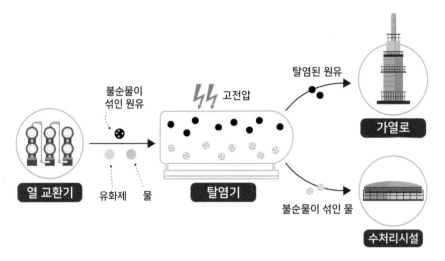

| 그림 3-27. 원유의 탈염 과정 |

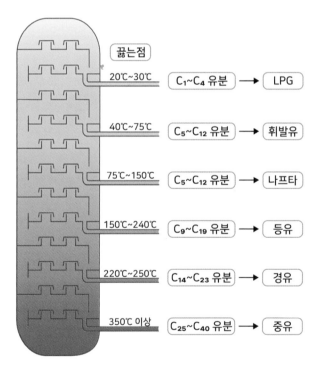

| 그림 3-28. 상압 분별 증류를 통해 분급된 유분 |

가열로에서 온도가 올라간 원유는 상압증류탑에서 분별 증류 과정을 거칩니다. 그 결과 LPG, 휘발유, 나프타, 등유, 경유, 중유를 만들 수 있는 유분들이 각각 분리됩니다.

상압유출유의 LPG, 휘발유, 등유, 경유급의 유분은 탈황 공정을 거쳐 제품 탱크로 바로 이동합니다. 상압유출유의 나프타급 유분은 석유화학 공정으로 보내지거나, 접촉 개질 공정을 거친 후 B.T.X급의 유분 또는 고옥탄가 휘발유로 전환됩니다. 개질 공정에서는 대량의 수소가 발생하는데, 이 수소를 모아서 수첨 분해 공정에 사용할 수 있어 매우 효율적입니다.

상압유출유는 그 양이 적습니다. 그래서 유출되지 않은 상압잔사유를 후속 공정에 투입하여 고부가가치 유분으로 전환합니다.

상압잔사유 중 일부는 유동층 접촉 분해 공정(RFCC)을 통해 휘발유, LPG, 경유급 유분으로 전환됩니다. 참고로 접촉 분해 공정의 종류는 유동상식(Fluidizing-bed-type), 이동상식 (Moving-bed type), 고정상식(Fixed-bed type)이 있는데, 최근에는 유동상식 접촉분해법이 널리 사용되고 있습니다.[*] 황 성분이 많은 유분은 촉매의 작용을 억제하므로 통상적으로 RFCC 공정 전에 탈황 공정인 수소 처리 단계(또는 Residue hydro-desulfurization 단계, RHDS)를 먼저 진행합니다.

상압잔사유 일부는 감압 분별 증류 공정에 투입됩니다. 기화된 감압유출

---

[*] 고정화된 촉매가 아닌 유동화된 촉매와 접촉시켜 분해하는 공정입니다.

유는 수첨 분해 공정(Hydrocracker, HCR)을 통해 휘발유, 등유, 경유급의 유분으로 전환됩니다. 보통 경유의 수율이 높은데, 이렇게 수첨 분해 공정을 통해 얻은 경유는 추가적인 접촉 분해 및 접촉 개질 공정을 거쳐 휘발유로 전환할 수 있습니다. 수첨 분해 공정에서 전환되지 않은 미전환 오일은 윤활기유 제조 공정(Base oil plant, BOP)을 통해 윤활유의 원료가 되는 윤활기유로 사용됩니다.

감압 분별 증류로도 기화되지 않은 감압잔사유는 수첨 탈황 분해 공정 및 후속적인 유동층 접촉 분해 공정을 통해 휘발유급 유분으로 전환됩니다. 그림에는 따로 표시하지 않았지만, 일부 감압잔사유는 중질유 열 분해 공정(Delayed coking unit, DCU)을 진행합니다.[*] 이 공정은 수소의 첨가 없이 중질 유분 자체를 열로만 분해시키는 것으로 장시간 열 분해를 통해 경질 유분(LPG, 나프타, 경질 경유, 중질 경유 등)을 얻을 수 있습니다.[**] 나머지 유분은 코크스[***]가 되며, 끝까지 전환되지 않은 찌꺼기는 아스팔트의 원료로 쓰입니다.

마지막으로 상압잔사유 중 일부는 수첨 탈황 공정(Residue hydrodesulfurization, RHDS)을 거친 후, 나프타급 유분, 등유 및 경유급 유분, 저황 중유로 전환됩니다. 이중 탈황된 저황 중유는 추가적인 유동층 접촉 분

---

[*] 중질유 열 분해 공정은 중요도가 떨어지고, 다른 부대 시설에서 진행해 그림에서는 제외하였습니다.
[**] 다만, 이들 유분에는 황이 많고, 올레핀이 다량 포함되어 있어 수첨 탈황 공정을 거친 후 각각의 제품으로 재탄생합니다.
[***] 제철소의 용광로에서 열원과 환원제로 사용됩니다.

해 공정(Residue fluidized catalytic cracking, RFCC)에 투입되어 초저유황 중유와 경유로도 전환되거나 접촉 분해의 강도를 높여 휘발유급의 유분으로 만듭니다.

이렇게 완성된 각각의 유분은 혼합 공정(Blending)을 통해 필요한 첨가제를 넣어 최종 제품으로 탄생합니다.

2. 열 교환기와 가열로

생산 공정에서는 언급하지 않았지만, 공정의 사이 사이에는 열 교환기가 있습니다. 열 교환기는 어떤 역할을 할까요? 열 교환기란 생산 공정에서 응축 또는 냉각시 방출되는 열을 회수하여 특정 유체의 가열에 재사용하는 장치입니다. 상압 분별 증류 공정에서는 원유를 350℃까지 가열합니다. 이 과정에서 막대한 열 에너지가 필요하죠. 반대로 상압 분별 증류를 통해 분리된 기체 상태의 유분들은 운송과 보관의 편의를 위해 40℃ 이하로 냉각해서 저장 탱크에 보관해야 합니다. 이 과정에서는 막대한 열 에너지가 방출됩니다. 이때, 방출된 열 에너지를 회수해 원유를 가열하는 데 재활용하면 열 에너지를 상당히 절약할 수 있습니다.

한편, 가열로는 원유를 가열하는 장치입니다. 열 교환기를 통해 250℃ 정도로 예열된 원유는 가열로를 거쳐 상압 분별 증류에 필요한 온도인 350℃까지 올라갑니다. 온도가 이렇게 높으면 상압증류탑까지 가기도 전에 열 교환기와 가열로에서 원유의 유분이 기화되는 게 아닌지 궁금한 분들이 있으실 텐데요, 열 교환기 및 가열로는 고압의 환경으로 유지되기 때문에 원유의 유분이 기화되지 않고 온도가 높은 액체 상태로 통과하게 됩니다.

3. 또 하나의 공정, 정기보수

정유 공장의 거대한 설비들은 주기적으로 정비를 해줘야 합니다. 이를 정기보수(Turn around, TA)라고 합니다. TA는 보통 3~4년에 한 번씩 이루어지며, 약 한 달여의 기간 동안 협력사를 포함해 수천 명의 인원이 작업에 투입됩니다. 정유 공장의 크기만큼이나 규모가 엄청나죠?

1. 석유가스와 천연가스

LNG, LPG, 도시가스, 천연가스, 부탄가스 등 가스를 지칭하는 여러 단어들이 있습니다. 흔히 들어왔지만 그 차이를 정확하게 모르는 경우가 많은데요, 확실하게 정리해드리겠습니다.

먼저 유전과 가스전의 차이를 알아야 합니다. 앞서, 깊은 땅 속에는 원유와 천연가스 등이 묻혀 있다고 이야기했습니다. 이때 적은 양의 천연가스와 많은 양의 원유가 함께 매장되어 있다면 유전, 오로지 천연가스만 매장되어 있다면 가스전이라고 합니다. 유전에서 생산된 가스는 원유와 함께 시추하기 때문에 석유가스(Petroleum gas)라고 부릅니다. 반면, 가스전에서 생산된 가스는 천연가스(Natural gas)라고 부르죠.

석유가스는 보관과 운송의 편의를 위해 액체 형태로 바꾸게 되는데요, 이를 액화석유가스, 줄여서 LPG(Liquefied petrolium gas)라고 부릅니다. LPG의 주요 구성 성분은 메탄, 에탄, 프로판, 부탄입니다. 이중 상품 가치가 높은 프로판은 프로판가스가 되어 취사 및 난방용으로 쓰이고, 부탄은 부탄가스가 되어 소형 버너에 사용합니다.

천연가스는 운송 방법에 따라 다양한 이름으로 불립니다. 가스전에서 채취한 천연가스를 파이프라인을 통해 공급하면 PNG(Pipe-Line natural gas)가

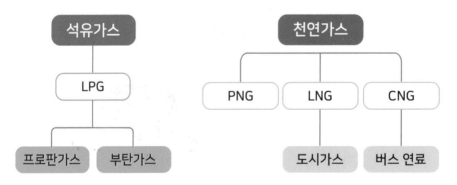

| 그림 3-29. **천연가스와 석유가스의 차이** |

되며, 가스의 육상 수송이 가능한 유럽과 북미 지역에서 주로 활용됩니다.

천연가스의 주 성분은 메탄인데, 이를 영하 162℃에서 냉각한 후, 액체로 만들어 부피를 1/600로 줄이면 액화천연가스라 불리는 LNG(Liquefied natural gas)가 됩니다. LNG는 해상을 통해 운송되며 우리나라와 일본, 대만 등에서 도시가스 등으로 활용됩니다.

천연가스를 1/250로 압축하면 CNG(Compressed natural gas)가 됩니다. LNG는 고가의 장치들이 필요하지만 CNG는 그런 장치들이 필요 없어 비용을 절감할 수 있습니다. CNG는 한국에서 주로 버스 연료로 사용됩니다.

2. 유연 휘발유 VS 무연 휘발유

휘발유의 정식 명칭은 사실 '무연(無鉛) 휘발유'입니다. 없을 무(無)자와 납 연(鉛)자를 쓰며, 이를 풀이하면 '납이 들어 있지 않은 휘발유'라는 뜻입니다. 그렇다면 유연(有鉛) 휘발유도 있을까요? 맞습니다. 유연 휘발유의 역사는 1920년대로 거슬러 올라갑니다. 당시만 하더라도 자동차 엔진이 점화될 때 연료가 폭발하는 노킹 현상이 빈번하게 발생했습니다. 이 때문에 운전자들은 항상 불안에 떨어야만 했죠. 그러던 어느 날, 미국의 화학자 토마스 미즐리(Thomas Midgley)는 휘발유에 테트라에틸납(Tetraethyllead)을 섞으면 옥탄가가 높아져 노킹 현상이 완화된다는 사실을 발견합니다. 골칫거리 같던 노킹 현상이 말끔하게 해결되자 자동차의 보급이 눈에 띄게 늘어났고, 미즐리 또한 화학자로서 명성을 얻게 됩니다. 하지만 납이 포함된 유연 휘발유에는 한 가지 큰 문제가 있었습니다. 바로, 납 성분은 연소가 되지 않기 때문에 대기오염을 일으킬 뿐 아니라 인체에도 고스란히 녹아들어 심각한 납 중독을 일으킨다는 것이었죠. 많은 논란을 낳던 유연 휘발유는 결국 1980년대에 완전히 모습을 감추게 됩니다. 그리고 그 빈자리를 무연 휘발유가 채우죠. 무연 휘발유에는 납이 아닌 소량의 MTBE(Methyl Tertiary Butyl Ether)라는 물질을 첨가합니다. MTBE는 고체 황산 촉매 하에서 탄소 수 4개의 이소부틸렌과 탄소 수 1개의 메탄올을 이용해 만드는데요, 옥탄가가 높으며 휘발유와 함께 연소되어 일산화탄소와 미연소 탄화수소를 줄여준다는 장점이 있습니다. 오늘날 우리가 사용하는 휘발유는 바로 이 MTBE를 첨가한 무연 휘발유입니다.

3. 중유가 벙커C유로 불리는 이유(+중유의 수요가 줄어드는 이유)

중유는 흔히 벙커C유라고도 합니다. 좀 더 정확하게 말하면 벙커C유는 중유의 한 종류인데요, 여기에는 유래가 있습니다. 부둣가에서 기름을 보관하는 장소를 벙커(Bunker)라고 합니다. 중유를 선박의 연료로 쓰면서 자연스럽게 중유는 벙커유라는 이름으로 불리게 되죠. 벙커는 구역에 따라 A, B, C 등으로 구분합니다. 이에 벙커A유, 벙커B유, 벙커C유 등으로 나뉘게 되었고, 현재는 벙커C유가 주로 사용되고 있어, 중유에 벙커C유라는 이름이 붙었습니다.

중유는 원유를 증류하는 과정에서 가장 마지막에 남아 있는 기름인데요, 그 양이 많고 가격 또한 저렴하기 때문에 대형 선박의 연료로 이용해왔습니다. 그런데 2020년 1월, 국제해사기구인 IMO(International Maritime Organization)가 수질과 해양 생태계를 보호하기 위해 선박에 이용되는 중유의 황 함량을 3.5%에서 0.5%로 낮출 것을 권고합니다. 이에 선주(선박의 주인)들은 개당 가격이 100억 원에 육박하는 스크러버(탈황 장치 또는 황산화물 저감 장치)를 설치하거나 연료를 저유황 중유 혹은 경유로 바꿔야만 했죠. 최근 들어 환경 규제가 더욱 심해지고 있어 앞으로도 중유의 수요는 계속 줄어들 것으로 예측되고 있습니다.

4. 우리의 일상을 매끄럽게 만든 윤활유

윤활유*란 기계 부품의 마찰을 줄이거나 부식을 방지하는 등의 역할을 하는 제품을 말합니다. 모든 물체의 표면은 불균일합니다. 비록 우리 눈에는 매끄럽게 보여도 아주 자세히 들여다보면 울퉁불퉁하죠. 이렇게 불균일한 두 물체의 표면이 서로 접촉해 왕복이나 회전 운동을 하면 그 접촉면에서 마찰이나 열이 발생하고, 표면이 마모됩니다. 이때, 윤활유를 넣으면 두 표면의 직접 접촉이 줄어들어 마찰이나 열이 덜 발생하고, 더 나아가 녹이 생기거나 부식이 되는 것을 막을 수 있습니다. 기계 장치를 사용하는 대부분의 산업에서 윤활유가 필수적으로 사용되는 만큼, 윤활유가 없다면 오늘날 우리 일상도 매끄럽게 굴러갈 수 없습니다.

윤활유는 윤활기유라고 하는 오일을 이용해 만들며, 윤활기유는 원유를 증류하는 과정에서 발생한 잔사유를 이용해 만듭니다. 윤활기유의 품질은 점

---

* 반고체 상태의 윤활유는 그리스(Grease)라고 합니다.

도 지수에 따라 그룹 I, II & III으로 나뉘는데, 그룹 III의 기유는 자동차용 고급 윤활유로 사용되어 부가가치가 높습니다.

5. 석유왕 록펠러 이야기

| 그림 3-30. **석유왕 록펠러** |

'석유왕'으로 전 세계에 이름을 떨친 존 데이비슨 록펠러(John D. Rockefeller)는 1839년 7월 8일, 뉴욕 북부에서 태어났습니다. 록펠러의 아버지 윌리엄 록펠러(Willium Rockefeller)는 스스로를 '여행하는 식물학자'라고 소개하곤 했지만 사실은 뱀 기름을 명약으로 속여 판매하는 가짜약 판매원이었습니다. 그리고 두 집 살림을 하는 난봉꾼이었죠. 하지만 장사꾼으로서의 수완은 뛰어났던 덕에 어린 록펠러는 아버지에게서 경제 관념과 돈에 관한 철학을 배울 수 있었습니다. 이러한 경제 관념은 훗날 록펠러가 석유왕으로서 명성을 떨치는 데 기반이 되었습니다.

고등학교 졸업을 한 달여 정도 앞둔 1855년의 어느 날, 록펠러는 휴잇앤터틀이라는 지역 상점의 경리로 취직합니다. 그가 일하는 동안 회사의 규모는 크게 성장했지만, 회사에서는 나이가 어리다는 이유로 임금 협상에 미적지근한 태도를 보였습니다. 이에 실망하던 차에 상업학교에서 함께 공부한 모리스 클락(Maurice B. Clark)이 사업을 제안합니다. 1858년, 록펠러는 열아홉 살의 나이로 부두 근처의 허름한 창고에 곡물을 비롯한 생필품을 위탁판매하는 회사를 세웁니다. 그리고 1862년, 남북전쟁이 발발하면서 곡물값 폭등으로 큰 이익을 거두게 되죠.

1859년에는 그의 인생을 바꾼 사건이 발생합니다. 바로 펜실베니아주 타이터스빌에서 최초의 유전이 발견된 것입니다. 원유를 정제해 만든 등유가 큰 인기를 얻자 사람들은 일확천금의 꿈을 안고 원유 채굴에 뛰어듭니다. 하지만 록펠러는 오일 러시에 뛰어드는 대신 정유 회사를 설립합니다. 진짜 돈은 원유를 정제하는 과정에서 나온다는 것을 알았기 때문이죠. 당시만 해도 등유를 제외한 원유의 부산물들은 버려지기 일쑤였습니다. 하지만 록펠러는 '석유젤리'라고 불리던 바셀린을 의료 업체에 판매하거나 파라핀을 양초 제조사에 판매하는 등 여러 부산물을 알뜰히 챙겨 부를 축적합니다.

1870년, 남북전쟁이 끝나자 그는 주식회사 스탠더드오일(Standard Oil)을 설립합니다. 회사명에서도 알 수 있듯이, 표준이 될 수 있는 좋은 품질의 등유를 생산하는 것이 목표였습니다. 당시의 등유는 품질이 좋지 못해 화재와 폭발 사고가 종종 발생했기 때문이죠. 스탠더드오일은 뛰어난 품질을 바탕으로 석유 회사의 표준을 만들어가며 승승장구합니다. 이후 스탠더드오일은 석유 가격을 원가 이하로 떨어뜨려 경쟁사를 파산시킨 다음, 회사를 헐값에 사들이는 방법으로 독점 체제를 구축하는 한편, 송유관을 미국 전역에 설치하면서 마침내 북미 석유 공급의 90%, 전 세계 석유 공급의 약 80%를 장악하기에 이릅니다. 하지만 그의 독점을 걱정하는 사람들이 생겨나면서 1911년, 연방대법원으로부터 기업 분할 명령을 받습니다. 그렇게 스탠더드오일은 34개

회사로 분할됩니다. 이때 분할된 회사들이 현재도 정유 업계를 선도하고 있는 엑슨모빌, 셰브론과 같은 곳들이니, 스탠더드오일이 얼마나 대단한 회사였는 지를 다시 한번 알 수 있습니다.

사업에서 은퇴한 후, 록펠러는 재단을 세워 기부와 교육에 매진합니다. 록펠러가 자본을 투자한 록펠러 대학교는 노벨 생리의학상과 화학상 수상자 를 25명이나 배출하였고, 당시 돈으로 4,500만 달러를 기부한 시카고 대학교 는 세계적인 명문으로 거듭납니다. 이 외에도 다양한 자선사업을 펼쳐나가죠.

석유왕 록펠러는 비록 무자비한 인수합병과 독점으로 지탄을 받기도 했 지만, 동시에 미국에서 가장 성공한 사업가이자 존경받는 인물로 꼽히고 있습 니다.

정유 기업 정리 & 나아가는 방향

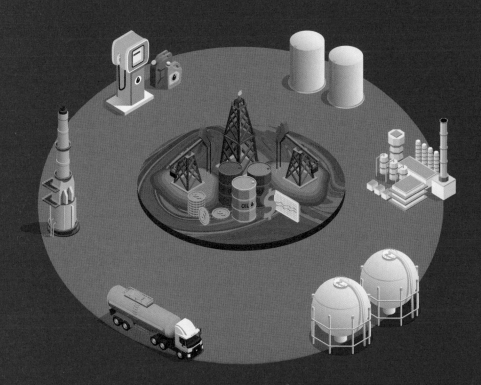

이번 파트에서는 한국의 대표 정유 기업과 직접 원유를 정제하지는 않지만 정유 관련 사업을 하고 있는 기업들을 자세히 알아봅니다.*

---

* 본문에 나오는 매출액 등의 수치는 2023년 반기 기준입니다.

대한민국
4대 정유 기업

SK이노베이션

#국내 최초의 정유사 #유공

1962년, 대한민국 정부는 미국 걸프(Gulf)사와 합작해 독점 정유 회사인 대한석유공사를 세웁니다. 과거 '유공'이라 불리던 그 기업입니다. 1970년대 유공은 매출액 6,000억 원 이상을 달성하며 국내 1위 기업으로 성장하죠. 심지어 1979년에는 미국 경제 전문지인 『포춘』이 선정한 500대 기업에 오르면서 세계적인 정유 기업으로 도약합니다.

1980년, 걸프사가 한국에서 철수하면서 보유 중인 지분을 정부에 넘겼고, 정부는 신속하고 건실한 경영을 위해 유공 민영화를 결정합니다. 엄청난 매물이 시장에 나온 것이죠. 유공 인수를 두고 삼성과 SK가 경쟁했지만, 결국 SK가 유공 인수에 성공합니다. 이 인수 덕분에 당시만 해도 재계 10위권 밖이던 SK는 단숨에 그룹 규모를 크게 키웁니다. 이후 SK 그룹은 지주회사와 여러 자회사로 나뉘는데, 유공이 모태가 된 회사가 바로 SK이노베이션입니다.

현재 SK이노베이션은 본사와 여러 계열사를 통해 정유 사업과 석유화학 사업을 영위 중이며 배터리(2차 전지), 첨단 소재 분야로도 투자를 확대하고 있습니다. 매출의 비중은 정유 사업 59%, 석유화학 사업 14%, 윤활유 사업 6%, 배터리 사업 18%, 기타 3%입니다. 이중 정유 사업만 살펴보면 휘발유 21%, 등유 1.8%, 경유 32.4%, 벙커유(B-C유) 1.3%, 기타(나프타 등) 41.4%입니다.

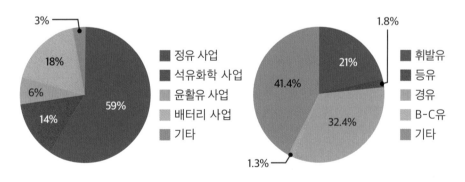

| 그림 4-1. SK이노베이션 사업 비중(좌) 및 정유 사업 비중(우) |

에스오일

#아람코 자회사

1976년, 쌍용그룹이 이란국영석유공사(NIOC)와 합작해 한국이란석유
㈜, 줄여서 한이석유를 설립합니다. 1980년, 이란 혁명으로 NIOC가 철수하
고 쌍용그룹이 지분을 모두 인수하면서 한이석유는 쌍용정유라는 이름으로
사명을 변경하고 새출발을 하죠. 하지만 1980년대에 들어와 무리한 자동차
투자로 그룹 사정이 나빠지고, 정유 사업 부진이 이어지면서 세계 최대의 석
유 기업인 아람코(Saudi Aramco)로부터 대규모 투자를 유치합니다. 이에 아람
코가 35%의 지분율로 최대주주로 등극하였고, 쌍용그룹과의 공동 경영이 시
작됩니다.

아람코의 투자로 1990년대 중반부터는 중질유 분해 시설에 대규모로 투
자하며 경쟁력과 수익성을 크게 높입니다. 이때의 투자는 단순 제조업으로만
인식되던 국내 정유 산업을 고부가가치 수출 산업으로 탈바꿈한 계기로 평가
받고 있습니다.

하지만 이러한 호황도 잠시 1990년대 후반, IMF 외환 위기로 쌍용그룹
이 공중분해되면서 쌍용그룹에서 쌍용정유가 분리됩니다. 그리고 사명을 에
스오일(S-OIL)로 변경하죠. 2007년, 한진그룹이 쌍용정유의 자사주 28.4%를
매입하며 아람코와 공동 경영을 하기도 했지만, 2015년에 보유한 지분을 모
두 아람코에 넘기며 현재는 63.4%의 지분을 보유한 아람코가 최대주주로서
단독 경영을 이어가고 있습니다. 즉, 에스오일은 아람코의 자회사입니다.

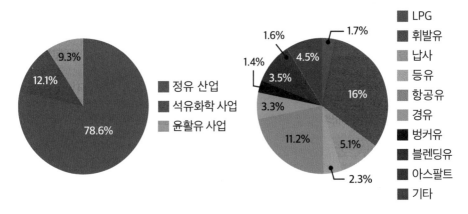

| 그림 4-2. 에스오일 사업 비중(좌) 및 정유 사업 비중(우) |

전체 매출에서 정유 사업 비중이 80% 가까이 되며, 포트폴리오 다변화를 위해 석유화학을 중심으로 비정유 사업을 강화하고 있습니다.

GS칼텍스

#수출 비중 70%

1966년 정부는 제2 정유 공장 설립을 계획하며 사업자를 공모합니다. 당시에는 정유 산업이 황금알을 낳는 거위로 인식될 때라 여러 기업이 입찰 경쟁을 벌입니다. 평소 정유 사업에 눈독을 들이던 럭키화학(현 LG화학)도 이중 하나였죠. 럭키화학은 미국의 칼텍스(Caltex)사와 파트너십을 맺고 합작사를 설립해 공모를 진행합니다. 그리고 최종 사업자로 선정됩니다. 이렇게 탄생한 기업이 바로 호남정유입니다. 호남정유는 1996년 LG칼텍스정유로 사명이 변경되었고, 2004년 LG그룹에서 GS홀딩스가 분리·독립하면서 GS그룹으로 넘어가 GS칼텍스가 되었습니다.

　　GS칼텍스는 1983년 2억 불 수출탑을 수상하였으며, 1997년에는 미국과 일본에 휘발유를 수출합니다. 그리고 매년 수출 규모를 키워 2011년에는 200억 불 수출탑을, 2012년에는 250억 불 수출탑을 수상함과 동시에 삼성전자에 이어 국내 2대 수출 기업으로 기록이 되죠. 모두 GS칼텍스가 업계 최초로 달성한 것들입니다.

　　현재 매출 비중은 정유 사업 79.3%, 윤활유 사업 4.8%, 석유화학 사업 16.1%이며, 포트폴리오 다변화를 위해 석유화학을 중심으로 비정유 사업을 강화하고 있습니다.

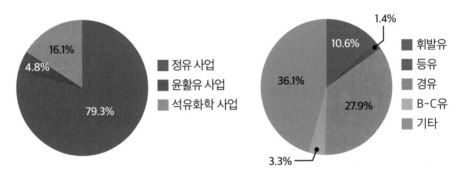

| 그림 4-3. GS칼텍스 사업 비중(좌) 및 정유 사업 비중(우) |

HD현대오일뱅크

#국내 최고 고도화율

1968년 극동석유공업과 글로벌 기업 쉘이 합작해 극동쉘석유를 만듭니다. 이후 1993년 현대그룹에 경영권이 인수되며 사명이 현대정유(1993년) → 현대오일뱅크(2002년) → HD현대오일뱅크(2023년)로 변경됩니다.

HD현대오일뱅크는 1988년 국내 최초로 중질유 분해 시설을 도입하였으며, 1994년 업계 최초로 주유소에 오일뱅크(OILBANK) 브랜드를 론칭하였습니다. 국내 최고 수준의 고도화율(41.1%)를 자랑하며 자회사를 통해 석유화학 사업과 친환경 윤활기유 사업을 영위하고 있습니다. 매출 비중은 정유 80.14%, 윤활유 3.55%, 석유화학 16.31%입니다.[*]

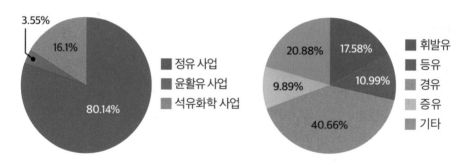

| 그림 4-4. HD현대오일뱅크 사업 비중(좌) 및 정유 사업 비중(우) |

---

[*] 연결 조정을 100%로 환산한 수치입니다.

정유 관련 사업을
영위하는 기업

원유를 분리·정제해 최종 제품을 생산, 판매하는 정유 기업 외에도 관련

사업을 영위하는 기업들이 있습니다. 크게 제품을 유통하는 사업과 윤활유를

제조하는 사업이 있는데요, 국내 상장사를 중심으로 알아보겠습니다.

유통 사업

SK가스와 E1은 LPG를 수입해 국내 외에 판매하는 사업을 합니다. 국내

LPG 시장을 이 두 회사가 양분하고 있습니다. 극동유화는 주유소에 유류를 공급하는 석유 유통 사업과 윤활유 제조 사업을 합니다. 매출 비중은 석유 유통 68%, 윤활유 24%입니다. 홍구석유는 GS칼텍스에서 휘발유, 등유, 경유 등을 매입해 대구-경북 지역을 중심으로 유통하고 있으며, 중앙에너비스는 SK에너지로부터 휘발유, 등유, 경유, LPG를 매입해 서울, 경기, 인천 지역을 중심으로 유통합니다. 대성산업은 GS칼텍스의 최대 일반 대리점 지위로서 서울, 경기, 경남, 경북 지역에 40개의 주유소와 18개의 가스 충전소를 설치, 운영하고 있습니다.

윤활유 제조 사업

한국쉘석유는 글로벌 정유 기업인 쉘의 자회사로 자동차, 선박, 산업용 윤활유 및 그리스를 생산합니다. 미창석유는 1962년 설립된 산업용 윤활유 전문 회사로 자동차, 선박, 산업용 윤활유와 고무 제품에 사용되는 고무배합유, 변압기에 사용되는 전기절연유를 생산합니다. 매출 비중은 윤활유 75.2%, 고무배합유 16.7%, 전기절연유 3.9%입니다.

정유 기업이
나아가는 방향

어느 산업이든, 그 산업의 수익성을 판단하는 지표가 있습니다. 정유 산업의 핵심 지표는 바로, 정제 마진(Refining margin)입니다. 정제 마진은 제품 가격에서 원재료(원유) 및 운영비용을 뺀 차이를 말합니다. 이 정제 마진이 정유 회사의 영업 이익에 해당합니다.

제품 가격 - (원유 가격 + 운영비용) = 정제 마진

과거에는 정제 마진이 상당히 좋았습니다. 그래서 정유 산업은 황금알을

낳는 거위로 인식되었고, 정유 기업들도 엄청난 돈을 벌었습니다. 취업준비생들이 가장 가고 싶어하는 기업 상위에는 항상 정유 기업이 있었죠. 하지만, 최근에는 정제 마진이 예전 같지 않습니다.

우선 전기차 시대가 도래하면서 휘발유를 사용하는 내연 기관 자동차가 점점 줄어들고 있습니다. 물론, 앞으로도 휘발유의 수요는 꾸준하겠지만, 점진적인 하락은 불가피합니다. 원유의 정제 과정에서 가장 많이 생산되는 중유 역시 수요가 계속 줄고 있습니다. 그 와중에 황 기준치 등은 더욱 엄격해지고요. 이에 대응하기 위해서는 고도화 공정이 필요한데, 고도화 시설을 짓는 데는 엄청난 비용이 들어갑니다. 잘 대응한다 해도 장기적으로 보면 수익성은 나빠질 수밖에 없습니다.

가뜩이나 국제 유가에 따라 수익 변동성이 큰데 업황까지 녹록지 않자, 정유 사업만으로는 어렵다고 판단한 정유 기업들은 비정유 사업, 그중에서도 석유화학 사업으로 영역을 확대하고 있습니다. 이렇게 정유 기업들이 정유 수요 감소에 대응해 석유화학 제품을 직접 생산하는 트렌드를 COTC(Crude Oil to Chemical)라고 합니다.

앞에서 살펴본 것처럼 이미 4대 정유 기업 모두 매출의 약 15%가 석유화학 제품에서 나오고 있으며, 수조 원을 더 투입해 석유화학 시설 투자를 계속 늘리고 있습니다. 도대체 석유화학 산업이 무엇이길래, 정유 기업들이 석유화학 분야로 뛰어들고 있는 것일까요? 또, 석유화학 기업들은 이 상황에 어떻게 대비하고 있을까요? 이 부분은 석유화학 파트에서 자세히 알려드리겠습니다.

정유, 한 걸음 더! ···

1. 유가가 오르면 정유 회사는 돈을 벌까?

정유 회사는 원유를 수입한 후, 원유 속의 각각의 유분을 분리·정제해 판매합니다. 이때, 유가가 오르면 정유 회사의 수익성은 좋아질까요?

이를 알기 위해서는 정유 회사의 수익 구조부터 파악해야 합니다. 정유 회사의 수익 구조는 크게 두 가지입니다. 첫 번째는 정제 마진입니다. 유가가 오르면 원재료 가격이 오르는 것이므로 정제 마진이 하락할 것 같지만, 동시에 제품 가격도 오르는 경우가 많습니다. 특히 글로벌 경기가 좋아서 유가가 상승하는 경우라면 더 그렇습니다. 따라서 정제 마진은 유가뿐 아니라 제품의 가격까지 함께 살펴봐야 합니다.

두 번째는 재고자산 평가 이익입니다. 정유 회사는 원활한 생산을 위해 일정량의 원유를 항상 비축해두고 있습니다. 이 원유는 재고자산으로 잡히는데, 유가가 오르면 재고자산의 평가 이익이 늘어 실적이 좋아지는 효과가 있습니다.

유가의 변동과 정유 회사의 수익성이 항상 일치하는 것은 아니지만, 일반적으로 유가의 상승은 정유 회사에는 호재로 여겨집니다.

2. 글로벌 기업 살펴보기

매출액 기준, 글로벌 정유 기업 순위는 아래와 같습니다. 기업의 규모가 큰 만큼 국영 기업들도 눈에 띄네요. 글로벌 기업은 정유에 국한하지 않고, 원유의 탐사 및 시추부터 석유화학에 이르기까지 원유와 관련된 전 과정을 함께 진행하는 경우가 많습니다. 또, 원유뿐 아니라 천연가스 등 다른 에너지원을 취급하는 복합 에너지 기업이기도 하죠. 주요 기업들을 알아보겠습니다.

(억 불)

순위	회사명	매출액	국가
1	아람코(Saudi Aramco)	5,895	사우디
2	페트로차이나(PetroChina)	4,574	중국
3	시노펙(Sinopec)	4,536	중국
4	엑슨모빌(ExxonMobil)	3,932	미국
5	쉘(Shell)	3,659	영국
6	토탈(Total)	2,576	프랑스
7	브리티시페트롤륨(BP)	2,481	영국
8	셰브론(Chevron)	2,321	미국

| 표 4-1. 매출액 기준 글로벌 정유 기업 순위(2022년 기준) |

① 아람코

#사우디아라비아의 국영 기업 #세계 최대 원유 생산량 #에스오일 모회사

사우디아라비아의 국영 석유 기업입니다. 정식 명칭은 사우디아람코(Saudi Arabian Oil Company)로, 줄여서 아람코(Aramco)라고 부릅니다. 매출액뿐 아니라 원유의 일일 생산량에 있어서도 글로벌 1위입니다. 자국 내에 풍부한 유전이 있어 메이저 기업(엑슨모빌, 쉘, 셰브론, 토탈, BP)에 비해 채굴 단가가 낮은 것으로 알려져 있으며 이를 바탕으로 매년 엄청난 영업 이익을 창출합니다. 2019년, 글로벌 TOP 5 화학 기업인 사빅(SABIC)을 인수, 석유화학 부문의 경쟁력을 크게 강화하였고, 같은 해 사우디 증시에 상장하였습니다. 참고로 우리나라의 대표 정유 기업인 에스오일의 모기업이 바로 아람코입니다.

② CNPC

#중국의 국영 에너지 기업

중국석유천연가스총공사(이하 CNPC)는 중국의 국영 기업으로 1998년 설립되었습니다. 또 다른 국영 기업인 시노펙이 정유 산업과 석유화학 산업에 강점을 보인다면, CNPC는 탐사 및 시추에 강점을 갖습니다. 전 세계 40여 개 국가에서 원유 관련 사업을 영위하고 있으며, 자국 내 원유 개발은 자회사인 페트로차이나(Petrochina)에서 진행합니다. 시노펙, 중국해양석유(CNOOC)와 함께 중국의 3대 에너지 국영 기업으로 불립니다.

③ 시노펙

#글로벌 정유·석유화학 기업

중국의 국영 기업인 중국석유화학공사(China Petroleum & Chemical Corporation, 이하 시노펙)는 전 세계에서 세 번째로 큰 정유 기업일 뿐 아니라 세계 2위의 석유화학 기업입니다. 2022년『포춘』이 선정한 글로벌 500대 기업에서 5위를 차지한 바 있습니다. 글로벌 기업이지만 생산 제품의 상당량이 중국 내에서 소비되어 중국의 경기와 국가 정책에 많은 영향을 받습니다. 최근에는 수소 사업에도 적극적으로 뛰어들고 있습니다.

④ 엑슨모빌

#스탠더드오일의 가장 큰 직계 후손 #글로벌 종합 화학 기업

1911년, 석유왕 록펠러가 세운 스탠더드오일(Standard Oil Company)이 반독점법 위반으로 34개의 회사로 분할됩니다. 이 34개 기업들이 추후 인수 합병을 통해 다시 몸집을 키우는데요, 1999년 엑슨(Exxon)과 모빌(Mobil)이 합병해 엑슨모빌(ExxonMobil)이 탄생합니다. 현재 국영 기업을 제외하면 가장 큰 규모의 민간 기업으로 2010년에는 전 세계 시가 총액 1위를 차지하기도 했습니다. 정유뿐 아니라 석유화학 분야에서도 글로벌 TOP 10에 이름을 올리고 있는 종합 화학 기업이며, 전 세계 60개 이상의 국가에서 원유의 탐사 및 시추, 정유·석유화학 산업을 영위하고 있습니다.

⑤ 쉘

#로열더치쉘 #세계적인 윤활유 기업

1907년, 네덜란드의 석유 회사인 로열더치(Royal Dutch Petroleum)와 영국의 운송 회사인 쉘(Shell Transport and Trading Company)이 합작해 로열더치쉘(Royal Dutch-Shell)을 세웁니다. 그리고 2021년, 본사를 네덜란드에서 영국으로 옮기고 사명을 쉘로 변경하죠. 현재 전 세계 70여 개 국가에서 원유와 관련된 다양한 사업을 진행하고 있으며, 특히 윤활유 부문에서는 글로벌 1위에 랭크되어 있습니다. 우리나라의 윤활유 제조 기업 한국쉘석유의 최대 주주(지분율 53%)이기도 합니다.

이 외에도 프랑스 최대의 석유 기업인 토탈에너지스(TotalEnergies)[*]와 영국 대표 석유 기업인 BP(British Petroleum public limited company), 미국에서 엑슨모빌 다음으로 큰 규모를 자랑하는 셰브론(Chevron)[**]이 있습니다.

⑥ 뉴 세븐 시스터즈

과거 국제 원유 시장에서 막강한 영향력을 미치던 7개의 영미계 기업을

---

[*] 토탈에너지스와 삼성이 합작해 삼성토탈을 만들었고, 이후 삼성이 화학 부문을 한화에 매각하면서 한화토탈이 되었습니다.
[**] 셰브론과 GS에너지가 50:50으로 합작해 만든 회사가 국내 대표 정유 기업 GS칼텍스입니다. 사명에 있는 칼텍스는 셰브론의 자회사입니다.

세븐 시스터즈*라고 불렸는데요, 최근에는 국영 기업들이 중심이 된 뉴 세븐 시스터즈가 주목받고 있습니다. 뉴 세븐 시스터즈에 속한 기업은 아래와 같습니다.

- 앞서 소개한 CNPC의 자회사인 페트로차이나와 사우디아라비아의 아람코
- 러시아의 반국영 기업인 가즈프롬(Gazprom)
- 베네수엘라의 국영 석유 기업인 베네수엘라석유공사(Petróleos de Venezuela S.A., 이하 PDVSA)
- 이란의 국영 석유 기업인 이란국영석유공사(National Iranian Oil Company, 이하 NIOC)
- 1953년 설립된 브라질의 정유 기업으로 정부와 민간이 절반씩 지분을 소유하고 있는 남미 최대의 에너지 기업인 페트로브라스(Petroleo Brasileiro S.A., Petrobras)
- 말레이시아의 국영 석유 기업인 페트로나스(PETRONAS)

마지막으로 뉴 세븐 시스터즈 중 하나인 러시아의 가즈프롬을 알아보겠습니다.

---

* 엑슨, 모빌, 텍사코, 소칼, 걸프오일, BP, 쉘을 말합니다.

⑦ 가즈프롬

#세계 최대 천연가스 생산

1989년 설립된 러시아의 에너지 기업으로 정부와 정부의 영향을 받는 국영 기업들이 지분의 50%를 가지고 있습니다. 세계 1위의 천연가스 생산 기업이며, 파이프라인을 통해 유럽의 많은 국가로 천연가스를 수출하고 있습니다. 러시아 시가 총액 1위이며 천연가스 외에도 원유의 탐사 및 시추, 정유 및 석유화학 산업을 영위합니다.

석유화학 산업을 이해하기 위한 화학 기초

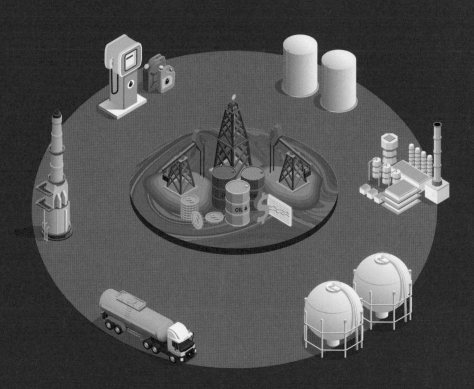

이번 파트에서는 화학의 역사와 고분자의 이해를 통해 석유화학 산업의 기초가 되는 화학 지식을 배웁니다. 자, 그럼 다시 한 번 화학의 세계로 떠나볼까요?

화학의
역사

화학의 시작, 연금술

연금술에 대해 한 번쯤 들어본 적이 있을 거예요. 연금술은 '금을 만들어 내는 기술'을 뜻합니다. 고대 메소포타미아, 이집트, 페르시아, 인도, 중국 등에서 시작되어 중세까지 약 2,000여 년 동안 그 시도가 이어져왔습니다. 그리고 이렇게 연금술을 행하는 사람들을 연금술사라고 불렀죠. 당시 연금술사들에게는 한 가지 굳은 믿음이 있었습니다. 값싼 철(Fe), 납(Pb), 구리(Cu), 니켈(Ni)과 같은 금속에 무언가를 섞어 귀금속인 금(Au)을 만들 수 있다는 믿음 말이죠. 이를 표현하면, 아래와 같습니다.

$$철(Fe) + 무언가(Something) \rightarrow 금(Au)$$

물론 지금이야 이것이 허무맹랑한 이야기라는 것을 알지만, 그 당시에는 연금술이 세계 곳곳으로 퍼져나갈 만큼 뜨거운 화젯거리였다고 합니다. 그런데 이 연금술이 화학 발전에 큰 영향을 미쳤다는 사실을 알고 있나요?

연금술사들은 금을 만들기 위해 많은 노력을 했습니다. 하지만, 결국 금을 만드는 데는 실패하죠. 그러나 오랜 세월, 수많은 시행착오 끝에 그들은 '다른 것들(The others)'을 만들어내는 데 성공합니다. 실험 과정에서 증류를 비롯해 다양한 정제 방법을 개발하고, 황산, 질산과 같은 신물질을 발견하는 등 과학 발전에 지대한 영향을 미칩니다. 금을 만들겠다고 덤벼들었던 연금술사들의 모든 행위가 실은 화학(Chemistry)이었던 것입니다. 연금술사의 후예인 현대의 화학자들은 이를 화학 반응(Chemical reaction)이라고 칭했으며, 이러한 화학 반응식은 신물질을 개발하는 데 핵심 공식이 됩니다.

$$A + B \neq C$$
$$\text{But } A + B \rightarrow D \text{ or } E, F, G, 기타 등등$$

그러나 연금술사들이 만들어낸 공식은 한계가 명확했습니다. 물질 A는 되지만, 물질 A'는 안 되고, 이럴 때는 물질 B가 만들어지지만, 저럴 때는 물질

C가 생기는 등 이른바 '그때 그때 달라요' 현상이 1700년대 초까지 계속 이어졌기 때문입니다. 화학자들은 물질 A와 물질 B의 정체, 즉 본질(Identity)을 제대로 꿰뚫어야 화학 반응을 이용해 신물질 C를 만들 수 있다는 것을 깨닫기 시작합니다.

화학자 왈(曰), 우리에겐 이론(Theory)이 필요하다!

근대 화학의 탄생

화학을 진정한 독립 학문으로 분리·발전시킨 프랑스의 화학자 라부아지에(Antoine-Laurent de Lavoisier)는 질량 보존의 법칙을 발견하는 등 여러 업적을 세웠는데, 그중 으뜸은 물질을 이루는 가장 기본 단위인 원소(Element)를 명확히 정의하고 분류한 것입니다.

라부아지에 이전의 서양에서는 아리스토텔레스의 4원소설*을 정설로 받아들였습니다. 하지만 라부아지에는 원소를 더 이상 분해되지 않는 물질로 정의하고 33개의 원소를 4개의 그룹으로 분류하죠. 18세기 말, 라부아지에가 확립한 원소의 개념과 기초적인 분류가 시작점이 되어 19세기에 들어

---

* 세상의 모든 물질이 물, 불, 흙, 공기 이렇게 4가지 원소로 이루어졌다는 이론을 말합니다.

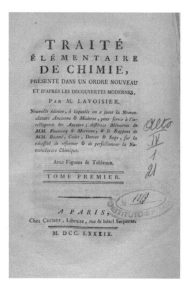

| 그림 5-1. 라부아지에의 책 『화학원론(Lavoisier Traité élémentaire de chimie)』 |

와서는 점점 다양한 원소들이 추가적으로 발견됩니다. 이에 화학자들은 발견된 원소들을 체계적으로 분류하면서 원소 간의 연관성을 연구하기 시작합니다. 영국의 화학자 돌턴(John Dalton)과 러시아의 화학자 멘델레예프(Dmitri Mendeleev)가 대표 인물입니다.

1803년, 돌턴은 새로운 화학 물질을 합성하는 데 기폭제가 된 이론인 원자설을 제창합니다. 원자설은 다음과 같습니다. (그림 5-2)

① 모든 물질은 더 이상 쪼개질 수 없는 작은 입자인 원자로 구성되어 있다.
② 같은 종류의 원자는 크기와 질량이 동일하고, 다른 종류의 원자는 크기와 질량이 서로 다르다.
③ 화학 반응에서 원자는 재배열되거나 결합할 뿐 다른 원소로 바뀌지 않는다.

④ 화합물은 두 종류 이상의 원자들이 간단한 정수비로 결합하여 만들어진다.

이중 ④번은 조건만 맞으면 원자를 결합해 다양한 형태의 분자로 바꿀 수 있다는 의미입니다. 마치 낱개의 레고 블록을 조합해 장난감을 만드는 것과 비슷한 개념이죠. 이에 화학자들은 신물질 만들기에 도전합니다. 그리고 분자를 원자 수준에서 결합·반응시켜 새로운 분자(또는 물질)를 만들어냅니다.

1879년, 멘델레예프가 63종의 원소들을 질량이 증가하는 순서대로 나열한 표를 발표합니다. 이것이 바로 그 유명한 주기율표입니다. 물론 처음 만든

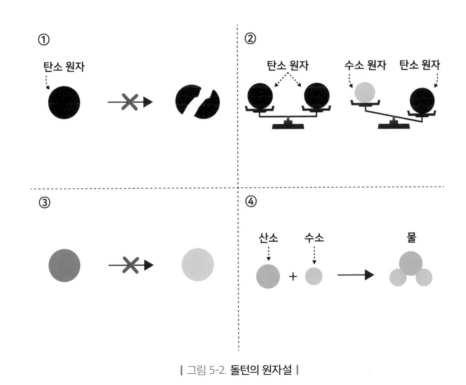

| 그림 5-2. 돌턴의 원자설 |

표였기에 훗날에 교정이 되었지만 그는 원소가 어떤 함수의 결과라는 것을 밝혀냈고, 특히 원소의 화학적 성질이 주기적으로 반복된다는 주기성(Period)은 화학자들에게 매우 큰 영향을 주었습니다. A+B → C의 공식에서 A 대신 같은 주기를 가지는 A'를 대입해도 화학 반응이 일어나고, C와는 다르지만 성질이

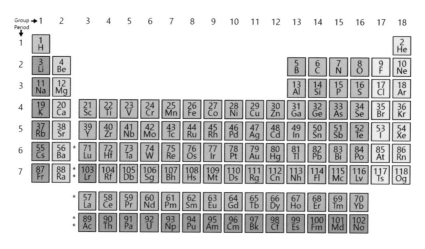

| 그림 5-3. 1879년 멘델레예프가 만든 초기의 주기율표(위)와 1913년 영국의 모즐리(Henry Gwyn Jeffreys Moseley)가 개량한 현대의 주기율표(아래) |

비슷한 C'를 얻을 수 있다는 사실을 알게 해주었으니 당시 화학자들에게는 주기율표가 마법의 지도로 보였을 것입니다.

　화학 반응의 원리를 깨우친 화학자들은 거침이 없었습니다. 원료로 쓸 수 있는 수많은 물질들을 찾아내고, 이를 결합하는 공식(조건)을 파악하죠. 그렇게 무수히 많은 물질들이 새롭게 탄생합니다.

현대 화학의 발전(유기화학과 석유화학의 탄생)

　화학은 크게 탄소를 기반으로 하는 유기화학과 탄소를 기반으로 하지 않는 무기화학으로 나뉩니다.[*] 19세기 초까지 화학자들은 탄소 기반의 유기물[**]은 실험실이 아닌 오직 생명체 내에서만 합성될 수 있다고 믿었습니다. 그래서 무기화학을 중심으로 연구가 이루어졌죠. 하지만 1828년, 독일의 화학자 프리드리히 뵐러(Friedrich Wöhler)가 무기물로부터 유기물을 합성하는 데 성공하면서 유기화학 연구가 본격적으로 시작됩니다.

　유기화학의 기반이 되는 탄소(C)는 우주에 존재하는 원소 중 수소(H), 헬륨(He), 산소(O) 다음으로 많습니다. 또, 스스로 결합하려는 성질과 길이가

---

[*]　이 분류법이 절대적인 기준은 아닙니다.
[**]　탄소를 기본으로 하여 산소, 수소, 질소 등이 결합된 화합물을 말합니다. 유기물을 제외한 나머지 화합물은 무기물입니다.

길어지려는 경향을 가져 다양한 방식의 결합이 가능하죠. 신물질을 만들기에
는 더 없이 좋은 원자인 셈입니다. 화학자들은 탄소의 이러한 특성을 놓치지
않았고, 탄소를 기반으로 한 새로운 물질들을 계속 만들어내면서 유기화학이
크게 발전합니다.

초기에 화학자들은 필요한 탄소를 천연가스와 석탄에서 얻었습니다. 하
지만 원유를 사용하고부터는 원유에서 탄소를 얻죠. 그렇게 유기화학의 범주

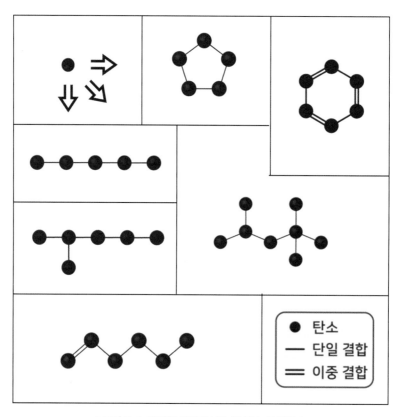

| 그림 5-4. 다양한 결합이 가능한 탄소 화합물 |

내에 석유화학(Petroleum chemistry)이란 작은 영역이 만들어집니다. 이후 원유를 활용해 플라스틱, 합성 섬유, 합성 고무 등 고부가가치의 물질을 만드는데 성공하면서 유기화학의 작은 부분이었던 석유화학은 독립적인 학문으로 분리·발전합니다.

우리가 공부할 석유화학 산업은 원유의 주 성분인 탄소를 기반으로 다양한 고부가가치 물질(또 다른 화학 물질)을 만들어내는 분야입니다.

고분자의
이해

고분자란 무엇일까?

모든 물질은 분자로 이루어져 있습니다. 사람도 키와 몸무게 등으로 사이즈를 나누듯이, 물질 역시 분자량으로 구분할 수 있습니다. 이때, 분자량이 작은 물질을 저분자 물질, 큰 물질을 고분자 물질이라고 합니다.

고분자를 형성하는 기본 단위로는 Mer를 사용합니다. Mer는 조그마한 단위체 또는 단량체를 의미하는데, 앞에 접두어를 붙여 분자량을 나타냅니다. 그림 5-5에서 볼 수 있듯, 단량체 하나로만 구성된 물질을 모노머(Mono-

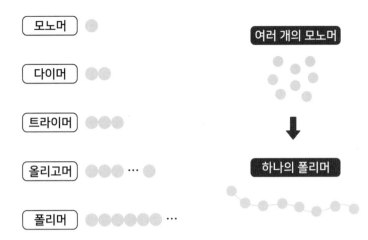

| 그림 5-5. 고분자의 단위 |

Mer)라고 합니다. 모노머가 두 개 결합하면 접두사 Di를 붙여 다이머(Di-Mer), 세 개가 결합하면 Tri를 붙여 트라이머(Tri-Mer), 여러 개가 결합하면 Oligo를 붙여 올리고머(Oligo-Mer)가 되죠. 그렇다면 모노머가 아주 많이 결합되어 분자량이 10,000 이상 될 때는 뭐라고 표현할까요? 많다는 뜻의 Poly를 붙여 폴리머(Poly-Mer)라고 부릅니다. 이 폴리머가 바로 고분자입니다.

분자를 고분자로 만드는 방법

저분자 물질보다는 고분자 물질이 부가가치가 더 높습니다. 이에 화학자들은 어떻게 하면 저분자 물질로 고분자 물질을 만들 수 있을지에 대해 끊임없이 연구했고, 마침내 여러 개의 모노머를 연결하여 폴리머로 만드는 방법을 찾아냅니다. 이렇게 저분자인 모노머로부터 고분자인 폴리머를 만드는 과정을 중합(Polymerization)이라고 합니다. 고분자 중합의 대표적인 방법에는 부가 중합(Addition polymerization), 축합 중합(Condensation polymerization), 개환 중합(Ring opening polymerization), 배위 중합(Coordination polymerization) 등이 있습니다.

부가 중합은 개시제에 의해 이중 결합 혹은 삼중 결합이 열리면서 단량체가 부가되어 고분자가 중합되는 반응입니다. 쉽게 말해, 일정한 공간 안에 100명이 있을 때 기준을 잡고 그 뒤로 줄을 쭉 세우는 것과 비슷합니다. 이때 기준점이 되는 물질을 개시제(Initiator)라고 합니다. 부가 중합은 반응 속도가 매우 빠르고, 그 과정에서 엄청난 열이 발생합니다. 따라서 열을 잘 제어하는 것이 중요합니다.

| 그림 5-6. 기준점에 맞춰 동일한 모노머가 더해지는 부가 중합 |

축합 중합은 서로 다른 관능기*가 반응하여 고분자가 중합되는 반응입니다. 남자 50명, 여자 50명이 있을 때, 남녀가 손을 잡고 쌍을 이뤄 줄을 선 것

---

* 분자에서 특징적인 화학 반응을 담당하는 부분을 말하며 작용기, 기능기라고도 합니다.

과 비슷합니다. 남녀가 손을 잡으면 긴장해서 손에 땀이 나겠죠? 이처럼 축합 중합을 하면 부산물(By-product)이 함께 나옵니다. 그리고 축합 중합은 반응 속도가 부가 중합에 비해 느립니다. 고분자 중합은 거의 대부분 부가 중합과 축합 중합을 활용합니다.

축합 중합

| 그림 5-7. 서로 다른 모노머가 더해지면서 부산물이 나오는 축합 중합 |

개환 중합은 고리 열림 중합이라고도 하는데요, 고리 모양 모노머의 고리가 열림으로써 고분자를 생성하는 중합 방식입니다.

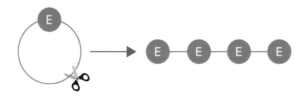

개환 중합

| 그림 5-8. 고리 모양의 모노머가 열림으로써 고분자가 생성되는 개환 중합 |

배위 중합은 모노머가 촉매와 배위 결합을 형성하면서 고분자가 중합되는 반응입니다. 입체규칙성을 가진 고분자를 합성할 수 있습니다.

| 그림 5-9. 이중 결합을 가진 모노머가 촉매와 결합하는 배위 중합 |

각각의 중합을 간단하게 설명했는데요, 중합의 원리를 100% 다 이해할 필요는 없습니다. 석유화학 산업을 공부하는 우리는 '이런 중합이 있구나.' 정도만 알고 있으면 충분합니다.

고분자의 서로 다른 특성

중합을 통해 만들어진 고분자들은 그 구조에 따라 각기 다른 특성을 갖습니다. 그리고 이러한 특성은 보통 견딜 내(耐) 자를 앞에 붙여 표현합니다. 예를 들어, 내열성은 열에 견디는 능력, 내마모성은 마모, 즉 마찰로 인한 손상에 견디는 능력, 내화학성은 화학 물질에 노출되었을 때 견디는 능력을 말합니다. 이 외에도 치수와 형태를 유지하는 능력인 치수안정성, 재료의 길이 방향으로 힘이 가해질 때, 이를 견디는 능력인 인장 강도 등이 있습니다.

이제 탄소를 기반으로 다양한 고분자 물질을 만들어보겠습니다.

석유화학 산업 한눈에 이해하기

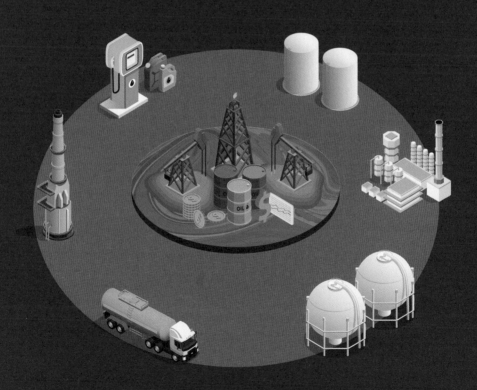

과거에는 천연 재료로 물건을 만들었습니다. 나무나 철 등을 이용해 필요한 도구를 만들었고, 면이나 목화, 마 등을 이용해 옷을 만들었죠. 그러나 자연에서 얻는 천연 재료는 그 양이 충분치 않았습니다. 일부 계층을 제외한 대부분의 사람들은 물질적으로 부족한 생활을 해야만 했습니다. 하지만 20세기에 들어와 다양한 합성 재료가 등장하며, 인류는 그 어느 때보다 풍요로운 시기를 맞이합니다. 대표적인 합성 재료로는 합성 수지(플라스틱), 합성 섬유, 합성 고무가 있습니다. 놀랍게도 이 모든 합성 재료들은 원유의 정제 과정에서 발생하는 나프타로 만듭니다. 이처럼 원유를 기반으로 다양한 합성 재료를 만드는 산업을 석유화학 산업이라고 합니다. 이번 파트에서는 석유화학 산업의 A부터 Z까지 자세히 공부합니다. 우리의 일상이 석유화학과 가까이 맞닿아 있다는 것을 곧 알게 될 거예요!

석유화학 산업
들어가기

석유화학 산업의 시작

석유화학 산업 역시 원유의 정제 과정에서 나오는 부산물을 처리하는 문제에서부터 출발합니다. 앞서 이야기했던 것처럼 과거에는 원유를 정제하는 과정에서 버려지는 성분이 무척이나 많았습니다. 그러다 1918년, 스탠더드오일(Standard Oil)이 부산물인 프로필렌으로 합성 알코올인 이소프로판올(IsoPropyl Alcohol, IPA)을 생산하는 데 성공하면서 석유화학의 개념이 탄생합니다. 이후 화학자들은 열과 촉매를 이용하여 분자 구조를 변화시키며 새로운 성질을 갖는 물질을 계속 만들어냅니다.

1930년대에는 오늘날에도 광범위하게 쓰이는 대표적인 플라스틱인 폴리염화비닐(Poly vinyl chloride, PVC)과 폴리에틸렌(Polyethylene, PE)이 개발됩니다. 또, 니트릴부타디엔 고무(Nitrile butadiene rubber, NBR)와 스티렌부타디엔 고무(Styrene butadien rubber, SBR)와 같은 합성 고무도 발명되죠. 그리고 1940년대에는 합성 섬유인 나일론을 이용해 만든 스타킹이 선풍적인 인기를 끌면서 합성 섬유의 시대가 열립니다.

1939년 발발한 제2차 세계 대전은 석유화학 산업의 발전을 더욱 가속화합니다. 전쟁으로 인해 전투복, 낙하산, 자동차 타이어, 전선의 피복 등 수많은 군수물품들이 대량으로 필요했는데, 자연 재료로는 이를 충당할 수가 없었던 것이죠. 이에 자연스레 합성 수지(플라스틱), 합성 섬유, 합성 고무의 수요가 폭발합니다. 제1차 세계 대전을 통해 '연료'로서 석유가 부상했다면, 제2차 세계 대전에서는 다양한 물질의 '기초 원료'로서 새로운 가치를 얻게 됩니다.

전쟁 이후, 낙하산을 만들던 나일론은 옷과 칫솔의 재료로, 레이더 부품을 만들던 폴리에틸렌은 식품 용기로 재탄생하였고 합성 고무 기술은 자동차 산업 발전에 크게 기여합니다. 이 외에도 여러 분야에서 다양한 합성 제품들이 천연 소재를 대체하면서 석유화학 산업의 시대가 본격적으로 열립니다.

한국의 석유화학 산업

한국은 화학 산업 규모 기준, 세계 5위에 랭크되어 있습니다. 2022년에는 543억 불의 석유화학 제품을 수출하며 반도체, 자동차에 이어 주요 수출 품목 3위를 달성했죠. 석유화학 산업이 한국 경제에서 매우 큰 비중을 차지하는 것을 알 수 있습니다.

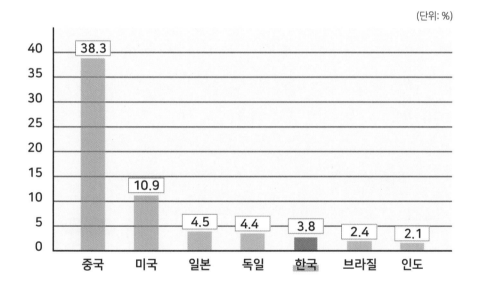

(단위: %)

구분	반도체	자동차	석유화학	일반기계	철강
수출액	1,292	774	543	511	384

(억 불)

| 그림 6-1. 전 세계 화학 시장 점유율(2021년 출하액 기준)(위)과 한국의 주요 수출 품목(아래) |

석유화학 산업의 세부 분야

석유화학 산업은 크게 두 분야로 나뉩니다. 기초 유분 및 중간 원료를 생산하는 산업과 기초 유분을 바탕으로 합성 수지, 합성 섬유, 합성 고무, 정밀화학 제품을 만드는 산업입니다. 정유 산업의 최종 제품은 LPG, 휘발유, 등유, 경유, 중유 등 몇 가지에 불과하지만 석유화학 산업의 최종 제품은 수십~수백 종류에 달합니다. 따라서 원료(기초 유분) → 중간 원료(반제품) → 최종 제품으로 이어지는 체계를 최대한 많이 알아야 합니다. 특정 제품이 어떤 원료와 중간 원료를 사용했는지, 그 과정에서 적용된 공정이 무엇인지를 이해하는 것이 중요하죠. 그런데 워낙 많은 제품들이 등장하다 보니 이 과정이 자칫 지루하게 느껴질 수 있습니다. 여러분의 흥미를 돋우기 위해 잠시 다른 이야기를 해보겠습니다.

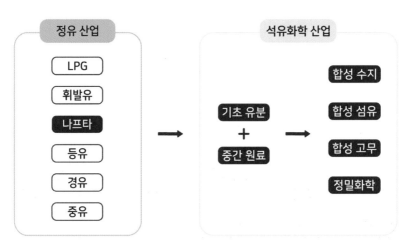

| 그림 6-2. 석유화학 산업의 세부 분야 |

금호석유화학 주가는
왜 7배나 올랐을까?

석유화학 산업을 공부하는 방법

2020년, 코로나19가 전 세계를 강타합니다. 많은 기업들이 예기치 못한 상황에 큰 어려움에 봉착하죠. 그런데 이 시기에 오히려 주가가 급등한 기업이 있습니다. 바로 금호석유화학입니다. 2020년 3월, 43,800원까지 내려갔던 주가는 2021년 5월, 298,500원까지 상승합니다. 1년 사이에 무려 7배 가까이 오른 것이죠. 과연 무슨 일이 있었던 걸까요?

코로나19로 집에 있는 시간이 많아지면서 TV와 노트북 같은 가전제품의

최고가 298,500원

최저가 43,800원

│ 그림 6-3. 금호석유화학의 2020년~2021년 주가(주봉) 그래프 │

판매량이 크게 늘었습니다. 그리고 손소독제와 의료용 장갑 역시 불타나게 팔리죠. 또, 대중교통 이용을 꺼리면서 자동차 판매도 증가합니다.

가전제품의 외장재로 쓰이는 대표적인 플라스틱은 폴리카보네이트(Polycarbonate, PC)입니다. PC는 페놀에 아세톤을 축합 반응해 비스페놀 A(BPA)를 얻고, 이를 다시 포스겐과 축합 중합해 만듭니다.

페놀 + 아세톤 → 비스페놀 A(BPA) + 포스겐 → 폴리카보네이트(PC)

↑   ↑

축합 반응   축합 중합

손소독제는 벤젠과 프로필렌으로 큐멘을 얻고, 큐멘을 산화·분해해 아세톤을 만든 후, 아세톤을 환원 반응해 IPA를 만들어 제조합니다.

벤젠 + 프로필렌　→　큐멘　→　아세톤　→　IPA　→　손소독제
　　　↑　　　　　↑　　　　　　↑
벤젠의 프로필렌　산화·분해　　환원 반응
알킬화 반응

이처럼 PC를 만들 때는 페놀과 아세톤이, 손소독제를 만들 때는 아세톤이 필요합니다. 가전제품과 손소독제의 수요가 급증했으니, 그 재료가 되는 페놀과 아세톤을 생산하는 기업은 돈을 많이 벌 수밖에 없겠죠?

그림 6-4는 석유화학 업계에서 매우 중요한 큐멘 공정 과정의 일부입니다. 벤젠과 프로필렌을 바탕으로 큐멘을 만들고, 큐멘을 산화·분해해 페놀과 아세톤을 동시에 얻습니다. 공정 한 번으로 PC와 손소독제의 핵심 원료를 모

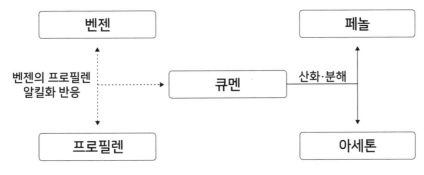

| 그림 6-4. 큐멘 공정 과정의 일부 |

두 갖게 되는 것이죠. 이전에는 페놀과 아세톤을 얻기 위해 공정을 각각 진행해야 했지만 큐멘 공정이 도입되며 꿩도 먹고 알도 먹는, 이른바 'One shot, two kill(원 샷 투 킬)'이 가능해졌습니다. 이 큐멘 공정을 보유하고 있는 기업이 바로 금호석유화학의 자회사인 금호피앤비화학입니다.

이번에는 의료용 장갑과 자동차를 볼까요? 금호석유화학은 세계 1~2위를 다투는 합성 고무·라텍스 제조 기업입니다. 금호석유화학이 생산 중인 합성 고무 제품은 니트릴부타디엔 라텍스(NB 라텍스), 스티렌부타디엔 고무(SBR), 부타디엔 고무(BR) 세 가지입니다. 이중 NB 라텍스는 의료용 장갑의 핵심 원료로, SBR은 타이어의 대표 원료로, BR은 속 타이어의 원료로 쓰입니다. 의료용 장갑과 자동차의 수요가 증가하니, 두 제품의 원재료를 모두 생산하는 금호석유화학의 이익 역시 급증할 수밖에 없죠.

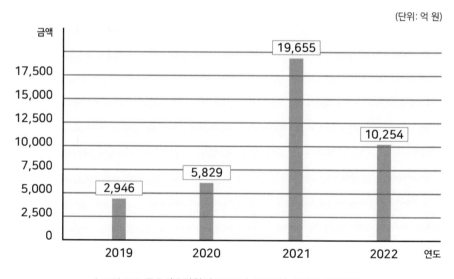

| 그림 6-5. 금호석유화학의 2019년~2022년 순이익 그래프 |

이러한 사실은 금호석유화학의 연간 실적을 보면 분명하게 드러납니다. 2019년에는 2,946억 원이었던 순이익이 2020년에는 5,829억 원, 2021년에는 1조 9천 655억 원, 2022년에는 1조 254억 원으로 크게 증가합니다. 이를 반영해 주가 역시 2020년과 2021년에 무려 7배가 오르죠. 이렇듯 원료(기초 유분) → 중간 원료(반제품) → 최종 제품의 관계를 잘 알면 투자에도 유용하게 활용할 수 있습니다.

흥미가 좀 생기셨죠? 그럼 이제 기초 유분부터 공부하러 가볼까요?

NCC와
기초 유분

석유화학 산업의 핵심 원료, 나프타

석유화학 산업의 핵심 원료는 나프타입니다. 나프타를 열 분해(Thermal cracking)와 접촉 개질(Catalytic reforming)하면* 올레핀계 기초 유분 3개(에틸렌, 프로필렌, 부타디엔)와 방향족계 기초 유분 3개(벤젠, 톨루엔, 자일렌)를 얻을

---

* 보통 경질 나프타는 열 분해 공정에, 중질 나프타는 접촉 개질 공정에 투입됩니다.

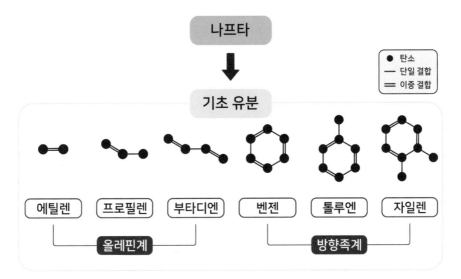

| 그림 6-6. 나프타를 열 분해 및 접촉 개질하면 올레핀계와 방향족계 기초 유분이 생성된다. |

수 있습니다.

석유화학단지에 들어서면 원형 통 모양으로 생긴 거대한 구조물을 볼 수 있는데요, 이 구조물이 바로 나프타를 열 분해(및 후속적인 개질)하는 나프타 분해 설비(Naptha cracking center, NCC)입니다.

나프타 분해 설비, NCC

NCC에서는 열 분해 공정, 급랭 공정, 압축 공정, 정제 공정이 차례로 진행됩니다. 단계별로 알아보겠습니다.

1. 열 분해 공정

① 열 분해 공정　　②급랭 공정　　③압축 공정　　④정제 공정

　　NCC의 핵심인 크래킹 센터에서 나프타의 고온 열 분해 공정이 이루어집니다. 나프타를 열 분해하면 특정 부위에 라디칼(Radical)이 생기고, 이 라디칼을 기점으로 연쇄 분해 반응이 일어나면서 탄화수소의 크기가 작아집니다. 열 분해를 통해서는 C_2 에틸렌이 주로 생산되지만, 중요한 부산물인 C_3 프로필렌

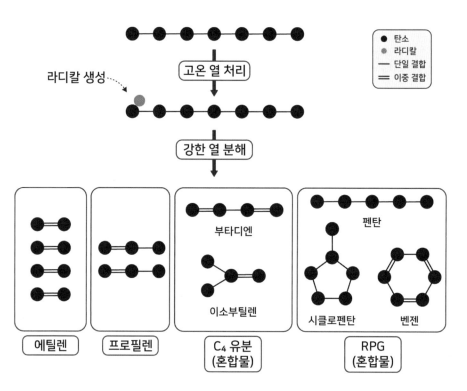

| 그림 6-7. 경질 나프타의 열 분해 공정 |

과 수소도 함께 얻을 수 있습니다.* 그 외 부타디엔을 포함하는 C$_4$ 유분(Mixed C4's**), 열 분해 가솔린(Raw pyrolysis gasoline, RPG)도 생성됩니다.

　NCC에는 크래킹 센터 외에 방향족 설비가 있습니다. 방향족 설비에서는 RPG 또는 수첨 탈황된 중질 나프타의 접촉 개질이 이루어집니다. 이 과정을 통해 방향족 탄화수소인 벤젠(B), 톨루엔(T), 자일렌(X)을 얻을 수 있습니다.***

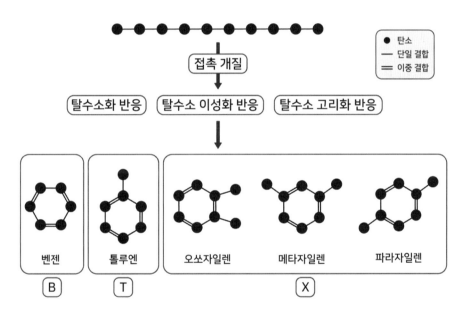

| 그림 6-8. 중질 나프타의 접촉 개질 공정 |

---

*　에틸렌이 30%, 프로필렌이 15%의 비율로 생성됩니다.

**　탄소 수가 4개인 여러 가지 유분이 혼합물의 형태로 섞여 있습니다. 그래서 C$_4$ 유분이라 부릅니다.

***　RPG로는 방향족 탄화수소 외에 옥탄가가 높은 자동차 연료를 만들기도 합니다.

2. 급랭 공정

| ① 열 분해 공정 | **② 급랭 공정** | ③ 압축 공정 | ④ 정제 공정 |

크래킹 센터에서 분해된 유분들은 반응성이 높은 고온의 기체 상태로 존재합니다. 이 유분들이 서로 반응하지 못하도록 하는 것이 바로 급랭(Quenching) 공정입니다. 급랭 공정을 진행하면 800℃였던 유분들이 200℃까지 낮아집니다.

3. 압축 공정

| ① 열 분해 공정 | ② 급랭 공정 | **③ 압축 공정** | ④ 정제 공정 |

압축(Compression) 공정이란 기체 상태로 존재하는 유분들을 압축하여 부피를 줄여주는 공정입니다. 압축된 유분은 세척탑을 거치게 되는데, 이 과정에서 산성 가스(H_2S 및 CO_2)와 기타 독성 물질들도 함께 제거됩니다.

4. 정제 공정

| ① 열 분해 공정 | ② 급랭 공정 | ③ 압축 공정(탈황) | **④ 정제 공정** |

압축된 유분은 건조기로 수분을 제거합니다. 이후 냉매를 사용하는 저온 회수 공정(또는 냉동 공정)으로 메탄(및 에탄 등 경질 탄화수소)과 수소를 먼저 분리합니다. 나머지 섞여 있는 유분들은 정제(Purification) 공정을 통해 에틸렌, 프로필렌, C4 유분, RPG 등으로 각각 분리됩니다. 이 과정에서 부산물로 LPG 등을 함께 얻습니다.

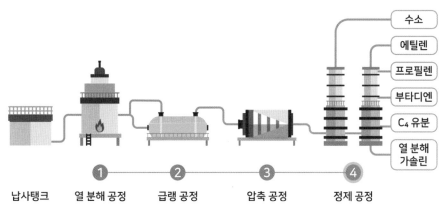

| 그림 6-9. NCC 공정 과정 |

기초 유분 이해하기

NCC를 통해 여섯 가지의 유분을 만들었습니다. 이 기초 유분들은 합성 수지, 합성 섬유, 합성 고무의 핵심 원료가 됩니다. 각각의 특징을 간단하게 살펴보겠습니다.

1. C₂ - 에틸렌

기초 유분 중 가장 중요한 것이 바로 에틸렌입니다. 에틸렌으로는 플라스틱의 대명사인 폴리에틸렌(PE)*을 만들 수 있습니다. 석유화학 기업들을 평가할 때 에틸렌 생산능력을 최우선 순위로 보는 이유입니다. 자랑스럽게도 한국은 세계 4위의 에틸렌 생산능력을 보유하고 있습니다.

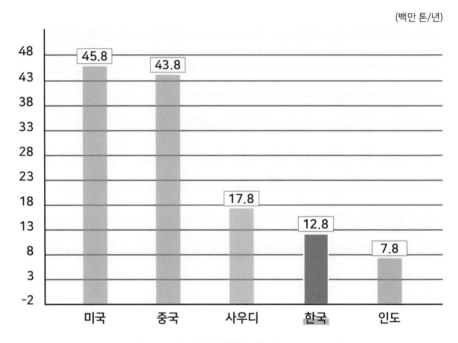

| 그림 6-10. 전 세계 에틸렌 생산능력(2022년 기준) |

---

* 에틸렌 앞에 '많다'라는 뜻을 가진 접두사 폴리(Poly)가 붙어 있죠? 즉, 에틸렌을 중합해 만든 고분자가 바로 폴리에틸렌입니다. 이렇게 단량체의 이름 앞에 '폴리'가 붙어 있으면 단량체가 중합되어 만들어진 고분자라고 이해하면 됩니다.

2. C₃ - 프로필렌

현대 사회에서 가장 널리 쓰이는 플라스틱은 폴리에틸렌(PE)과 폴리프로 필렌(PP)입니다. PP는 프로필렌으로 만듭니다. 이러한 이유에서 프로필렌 역 시 에틸렌 못지않게 중요합니다.

3. C₄ - 부타디엔

C₄ 유분에 있는 여러 물질들은 끓는점이 비슷해서 일반적인 증류로는 완 벽하게 분리할 수는 없습니다. 그래서 추출(Extraction)과 증류(Distillation)를 혼합한 추출 증류 방법을 이용해 분리·정제합니다. 이렇게 분리된 유분 중 가 장 중요한 것이 바로 합성 고무 및 라텍스 산업의 핵심 재료인 부타디엔(BD) 입니다. 그래서 C₄ 유분에서는 부타디엔을 제일 먼저 추출합니다. 이후 남 은 나머지를 C₄ 라피네이트 #1이라고 하는데요, 후속 과정을 통해 이소부틸 렌을 얻을 수 있습니다. 이소부틸렌은 휘발유의 옥탄가를 높여주는 첨가제인 MTBE의 핵심 원료로 사용됩니다. 부타디엔과 이소부틸렌이 추출된 나머지 C₄ 유분(C₄ 라피네이트 #2)은 부가가치가 높지 않아 연료로 쓰입니다.

4. C₆ - 벤젠

벤젠은 방향족 탄화수소인 B.T.X. 중에서 가장 부가가치가 높습니다. 합 성 수지와 합성 섬유, 정밀화학 제품의 주요 원료이며, 약방의 감초처럼 응용 범위가 매우 넓습니다.

5. C$_7$ - 톨루엔

톨루엔은 다양한 용도로 활용됩니다. 뒤에서 자세히 알아보겠습니다.

6. C$_8$ - 자일렌

자일렌은 오쏘자일렌(Ortho-xylene, OX), 파라자일렌(Para-xylene, PX), 메타자일렌(Meta-xylene, MX) 세 가지 종류가 있는데, PX의 부가가치가 가장 높고, MX의 부가가치가 상대적으로 낮습니다. 각각의 쓰임은 뒤에서 자세히 알아보겠습니다.

현업에서는 벤젠을 톨루엔으로, 톨루엔을 벤젠으로, 톨루엔과 벤젠을 자일렌으로 전환하는 여러 공정을 함께 사용해 시장 수요에 대응하고 있습니다.

중간 원료 이해하기

나프타로 만드는 여섯 가지의 기초 유분은 거의 모든 화학 제품의 주요 원료가 됩니다. 하지만 이 유분들이 다이렉트로 최종 제품이 되는 것은 아닙니다. 반제품으로 불리는 중간 원료가 있어야 합니다.

원료(기초 유분) → 중간 원료(반제품) → 최종 제품

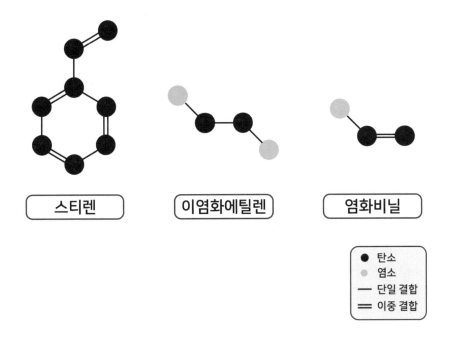

스티렌   이염화에틸렌   염화비닐

● 탄소
● 염소
— 단일 결합
═ 이중 결합

| 그림 6-11. 중간 원료로 사용되는 스티렌, 이염화에틸렌, 염화비닐 |

중간 원료 역시 기초 유분을 활용해 만듭니다. 여러 가지 중간 원료 중에 스티렌(Styrene monomer, SM), 이염화에틸렌(Ethylene dichloride, EDC), 염화 비닐(Vinyl chloride monomer, VCM)만 가볍게 살펴보겠습니다.

1. 스티렌

에틸렌과 벤젠을 부가 반응해 에틸벤젠(Ehylbenzene, EB)을 만들고, 탈수 소화 공정을 진행해 스티렌(SM)을 생산합니다.

에틸렌 + 벤젠 → 에틸벤젠(EB) → 스티렌(SM)
　　　　↑　　　　　　　↑
　　　산 촉매 하　　　탈수소화
　　　부가 반응　　　　공정

2. 이염화에틸렌 & 염화비닐

에틸렌과 염소 가스를 반응시키면 이염화에틸렌(EDC)이 생성됩니다. EDC는 열 분해에 의한 염화수소 제거 공정에 의해서 염화비닐(VCM)로 전환됩니다.[*]

에틸렌 + 염소 → EDC → VCM
　　　　↑　　　↑
　　　부가　　탈염산
　　　반응　　반응

이제 6개의 기초 유분과 여러 가지 중간 원료를 활용해 다양한 합성 제품을 만드는 과정을 배워보겠습니다.

---

[*] 에틸렌의 옥시클로리네이션(Oxychlorination) 공정으로 VCM을 제조하는 방법도 있습니다.

합성 수지
한눈에 이해하기

합성 수지란 무엇일까?

수지는 크게 자연에서 구할 수 있는 천연 수지*와 인간이 만든 합성 수지(Synthetic resin)가 있습니다. 합성 수지는 저분자 모노머를 중합해 고분자화한 것으로 분말이나 알갱이(또는 펠릿)의 형태입니다. 이를 녹인 다음 열이

---

* 동식물의 수액, 진액, 분비물, 배설물 등이 해당합니다.

나 압력을 가해 원하는 모양으로 만든 것이 바로 플라스틱입니다. 이처럼 합성 수지는 원래 플라스틱을 만드는 재료를 뜻하는 말이었지만, 지금은 합성 수지, 플라스틱, 고분자를 모두 같은 의미로 사용하고 있습니다.[*]

플라스틱의 특징

플라스틱은 그 성질에 따라 열가소성 플라스틱(Thermoplastic)과 열경화성 플라스틱(Thermoset)으로 나눌 수 있습니다.

열가소성이란 열을 가하면 녹거나 부드러워져 쉽게 변형되고, 식히면 다시 굳어지는 특성을 의미합니다. 입 안에서는 부드럽지만 입 밖으로 꺼내면 다시 딱딱해지는 추잉껌을 생각하면 이해가 쉽습니다.

열경화성이란 열이 어느 한계치를 넘을 경우 단단하게 굳어지고, 한번 굳어진 후에는 다시 열을 가해도 변형되지 않는 특성을 말합니다. 삶은 계란을 식힌 다음, 재차 열을 가해도 날계란이 되지 않는 것과 비슷한 개념입니다.

---

[*] 넓은 의미에서 합성 수지는 플라스틱, 합성 섬유, 합성 고무를 포함하기도 합니다.

플라스틱의 명품 조연, 가소제

플라스틱은 강약 조절이 가능합니다. 즉, 강하거나 부드럽게 만들 수 있습니다. 이때 물질을 부드럽게 해주는 재료가 바로 가소제(Plasticizer)입니다. 가소제를 많이 넣을수록 플라스틱이 더 부드러워집니다.

초기에는 프탈레이트계 물질을 이용해 가소제를 만들었습니다. 하지만 프탈레이트가 내분비 교란 물질 즉, 환경 호르몬으로 밝혀지면서 현재는 프탈레이트계 가소제의 용도 및 함량을 제한하고 있습니다.[*]

플라스틱의 유형

물건을 만들기 위해서는 재료가 필요합니다. 가장 보편적인 3대 재료는 금속, 세라믹(도자기 점토 혹은 진흙), 플라스틱입니다. 거의 모든 물건들을 이 세 가지 재료로 만듭니다.

금속은 튼튼하고 열에 강하지만, 제작이 어렵고 무겁습니다. 세라믹은 강하고 투명하지만(ex.유리) 잘 부서지죠. 반면 플라스틱은 무게가 가볍고 부드럽게 만들 수 있으며, 무엇보다 제조 비용이 매우 저렴합니다. 다만, 금속이나

---

[*] 친환경 가소제 또는 비프탈레이트계 가소제로 대체되는 추세에 있습니다.

세라믹과 비교해 내열성이 부족합니다. 그래서 이러한 단점을 보완하는 방향으로 기술 발전이 이루어져왔습니다.

플라스틱은 열을 견디는 능력에 따라 크게 범용 플라스틱(Commodity plastic), 엔지니어링 플라스틱(Engineering plastic), 슈퍼 엔지니어링 플라스틱(Super engineering plastic)으로 구분됩니다.

범용 플라스틱

범용 플라스틱은 사용 온도가 100℃ 이하인 플라스틱을 말합니다. 가성비가 좋은 보급형 플라스틱들이 여기에 해당되며, 전체 플라스틱 생산량에서 가장 많은 비중을 차지합니다. 책에서는 5대 범용 플라스틱을 알아보겠습니다.

1. 폴리에틸렌

폴리에틸렌(Polyethylene, PE)은 가격이 저렴하고, 물성이 좋아 다양한 곳에서 활용됩니다. 우리가 일상에서 쉽게 접할 수 있는 비닐봉지가 대표적이죠. 식품을 포장하는 랩(Wrap) 역시 PE로 만듭니다. 우유팩과 종이컵 안쪽에는 PE가 코팅되어 있으며, 배달 음식을 담는 포장 용기부터 샴푸와 린스 등을 담는 통, 아이들 장난감까지 PE가 들어가지 않는 물건을 찾아보기가 어렵습니다. 이런 이유로 PE를 '산업의 쌀'이라고도 부릅니다.

PE는 밀도에 따라 저밀도 폴리에틸렌(Low density polyethylene, LDPE)

| 그림 6-12. PE로 만든 배달 용기와 샴푸, 세정제, 린스 통 |

과 고밀도 폴리에틸렌(High density polyethylene, HDPE) 그리고 LDPE를 개선한 선형 저밀도 폴리에틸렌(Linear low density polyethylene, LLDPE)으로 나뉩니다.

나프타 → 에틸렌 → 폴리에틸렌(PE)
　　　　　↑　　　　 ↑
　　　　열 분해　 부가 중합

2. 폴리프로필렌

플라스틱의 대명사로 불리는 폴리프로필렌(Polypropylene, PP)은 환경 호르몬이 거의 나오지 않고, 연소시에 유해 물질이 발생하지 않아 각종 생활용품과 자동차 내장 부품 등의 원료로 폭넓게 사용되고 있습니다. PP는 PE와 유사하지만 더 단단하고 내열성이 좋아 고온(살균)이 필요한 의료용 제품과 가정

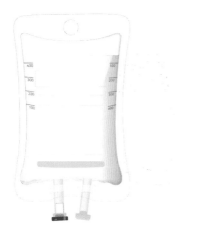

| 그림 6-13. PP로 만든 수액백과 라면 포장재 |

용 제품에 주로 쓰입니다. PP는 PE와 함께 가장 많이 쓰이는 플라스틱입니다.

나프타 → 프로필렌 → 폴리프로필렌(PP)
　　　　↑　　　　　↑
　　　열 분해　　　부가 중합

3. 아크릴

프로필렌을 산화하면 아클로레인 중간체를 거쳐 아크릴산(Acrylic acid, AA)을 얻을 수 있습니다. 이 AA를 주 원료로 한 수십 종의 합성 수지를 총칭해 아크릴 수지라고 합니다. 대표적인 아크릴 수지로는 폴리메틸메타크릴레이트(Polymethyl methacrylate, PMMA)와 고흡습성 수지(Super absorbent polymer, SAP)가 있습니다.

| 그림 6-14. PMMA로 만든 비행기 창문과 SAP로 만든 기저귀 |

PMMA는 빛을 투과하는 투명성이 우수해 유리의 대체품으로 활용됩니다. 흔히 아크릴 유리라고도 불리며 간판, 채광 창, 비행기 창문, 광학 렌즈 등의 원료로 쓰입니다. SAP은 물을 빠르게 많이 흡수하는 특성을 갖습니다. 이런 이유로 기저귀, 보냉팩 등에 사용됩니다. 여담으로 빈 컵에 물을 넣고 뒤집으면 물이 없어지는 마술도 이 SAP를 이용한 속임수입니다.

프로필렌 → 아클로레인 중간체 → AA → 아크릴(Acryl)
　　↑　　　　　　　　　　　↑　　　↑
　 산화　　　　　　　　　 산화 에스테르화 반응
　　　　　　　　　　　　　　　　 및 부가 중합

4. 폴리염화비닐

'비닐의 대명사'로 불리는 폴리염화비닐(Poly vinyl chloride, PVC)은 가성

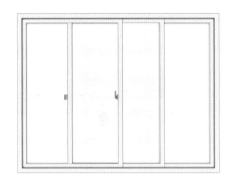

| 그림 6-15. PVC로 만드는 레인부츠와 창틀 |

비가 매우 우수해 층간소음 방지 매트, 자동차 내장재, 인조가죽, 수도관, 벽지, 바닥재, 창틀에 이르기까지 다양한 용도로 널리 쓰입니다. 원래는 딱딱한 경질이지만 가소제를 혼합하면 부드러운 연질 PVC가 됩니다.

에틸렌 + 염소 → EDC → VCM → 폴리염화비닐(PVC)
    ↑ ↑ ↑
    부가 탈염산 부가
    반응 반응 중합

5. 폴리스티렌

폴리스티렌(Polystyrene, PS)은 단단하지만 잘 깨진다는 단점이 있습니다. 그래서 고무와 같은 충격보강제를 혼합해 사용합니다. 공기를 넣어 팽창시킨 발포 PS(일명 스티로폼)는 대표적인 단열 플라스틱입니다. 컵라면 용기, 보온

| 그림 6-16. PS로 만드는 컵라면 용기와 요쿠르트 병 |

병, 건축 자재(보온재), 건축용 단열재, 완충제, 방음재 등 단열·포장재의 용도로 친숙하게 사용됩니다.

에틸렌 + 벤젠 → 에틸벤젠(EB) → 스티렌(SM) → 폴리스티렌(PS)

↑ ↑ ↑

부가 탈수소 부가

반응 반응 중합

엔지니어링 플라스틱

엔지니어링 플라스틱은 사용 온도가 100℃ 이상~150℃ 이하인 플라스틱을 말합니다. 금속, 세라믹과 대등한 기계적 물성과 내구성을 갖추고 있어 범용 플라스틱보다 부가가치가 높습니다. 대표적인 엔지니어링 플라스틱 6개를 알아보겠습니다.

1. 폴리카보네이트

폴리카보네이트(Polycarbonate, PC)는 인장 강도와 내구성이 뛰어나고, 가공이 쉬워 스마트폰과 같은 전자기기와 가전제품의 내·외장재로 널리 사용되고 있습니다. 또, 가시광선의 85% 이상을 투과시켜 유리를 대체하는 플라스틱으로도 쓰입니다. 경쟁 소재인 PMMA(아크릴 유리)보다 50배 이상 강하고, 파손이 되더라도 유리처럼 파편이 튀지 않아 수족관의 유리, 안전 고글, 경찰 방패 등을 만들기에 적합합니다.

| 그림 6-17. 우수한 내충격성으로 경찰 방패 등에 쓰이는 PC |

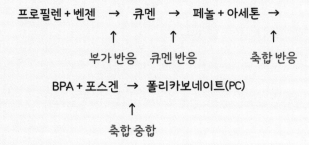

프로필렌 + 벤젠 → 큐멘 → 페놀 + 아세톤 →

↑ ↑ ↑

부가 반응 큐멘 반응 축합 반응

BPA + 포스겐 → 폴리카보네이트(PC)

↑

축합 중합

2. 아크릴로니트릴부타디엔스티렌

아크릴로니트릴(Acrylonitrile, AN)은 내열성과 내화학성이 우수합니다. 부타디엔(BD)은 충격에 강하고, 저온에서도 특성을 유지할 수 있죠. 또, 스티렌(SM)은 광택이 나고, 가공이 쉽습니다. 이 세 원료를 섞어서 만든 아크릴로니트릴부타디엔스티렌(Acrylonitrile-Butadiene-Styrene, ABS)은 이 모든 장점을 갖습니다. ABS는 다양한 용도로 활용되는데 특히 가전제품의 외장재로 많

| 그림 6-18. ABS로 만드는 청소기와 공기청정기의 외관 |

이 쓰입니다. 현재 전자기기와 가전제품의 외장재는 대부분 PC나 ABS로 만들며, 이 둘을 섞어서 쓰기도 합니다.

프로필렌 → AN + BD + SM → 아크릴로니트릴부타디엔스티렌(ABS)
          ↑   ↑
     암모니아 존재 하 산화   삼원공중합

3. 폴리옥시메틸렌

폴리옥시메틸렌(Polyoxymethylene, POM)은 금속에 가장 가까운 소재로 평가받고 있는 엔지니어링 플라스틱입니다. 내마모성과 치수안정성이 뛰어나 마찰과 마모가 요구되는 제품, 예를 들면 옷의 지퍼와 레일, 안전벨트, 베어링, 볼트, 너트, 나사 등에 쓰입니다.

POM은 원유의 나프타가 아닌 천연가스의 메탄으로 만듭니다. 이 과정에

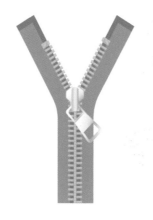

| 그림 6-19. POM으로 만드는 옷의 지퍼와 레일 |

서 포름알데히드(Formaldehyde)가 사용되는데요, 포름알데히드는 화학 산업에서 매우 유용한 원료이지만, 신체에 강한 손상을 입힐 수 있어 주의가 필요합니다.

메탄 → 메탄올 → 포름알데히드 + 산 → 트리옥산 → 폴리옥시메틸렌(POM)
   ↑   ↑   ↑   ↑
산화 및 산화 반응   삼량화 반응 개환 중합
수증기 반응

4. 폴리에틸렌테레프탈레이트

폴리에틸렌테레프탈레이트(Polyethylene terephthalate, PET)는 플라스틱과 섬유용으로 둘 다 쓸 수 있는 엔지니어링 플라스틱입니다. 우리가 흔히 페트

| 그림 6-20. PET으로 만드는 탄산음료 용기와 폴리에스터 섬유 |

병이라고 부르는 플라스틱 용기가 대표적인 PET 수지입니다. 또한, PET 수지는 뒤에서 배울 폴리에스터 섬유의 원료로도 쓰입니다.

PET 수지를 만드는 방법은 다음과 같습니다. 먼저, 에틸렌을 산화시켜 에틸렌옥사이드(Ethylene oxide, EO)를 만들고, 여기에 수화 공정(Hydration)을 적용해 에틸렌글리콜(Ethylene glycol, EG)을 얻습니다.

❶　　에틸렌　→　에틸렌옥사이드(EO) + 물　→　에틸렌글리콜(EG)
　　　　　　　　↑　　　　　　　　　　　↑
　　　　　　　산화　　　　　　　　　수화 공정

그다음 파라자일렌(PX)을 산화해 테레프탈산(Terephthalic acid, TPA)을 만들고, 이 TPA를 메탄올과 반응해 디메틸테레프탈레이트(Dimethyl terephthalate, DMT)을 얻습니다.

❷　　파라자일렌(PX)　→　TPA + 메탄올　→　DMT
　　　　　　　　　　↑　　　　　　　↑
　　　　　　　　　산화　　　　에스테르화 반응

EG를 TPA와 축합 중합하면 물이 부산물로 빠져나오면서 PET가 완성됩니다. 이를 TPA 공법이라고 합니다. 한편, EG를 DMT와 축합 중합하는 DMT 공법으로도 PET를 만들 수 있습니다.

$$EG + TPA \rightarrow PET \text{ 완성}$$
$$\uparrow$$
$$\text{축합 중합}$$

$$EG + DMT \rightarrow PET \text{ 완성}$$
$$\uparrow$$
$$\text{축합 중합}$$

참고로 PET를 만들 때 활용하는 에틸렌 → EO → EG로 이어지는 프로세스도 석유화학 공정에서 중요하니, 꼭 기억해두세요.

5. 폴리부틸렌테레프탈레이트

폴리부틸렌테레프탈레이트(Polybutylene terephthalate, PBT)는 PET보다 더 우수한 합성 수지입니다. 다른 엔지니어링 플라스틱에 비해 유동성이 뛰어나 단시간 내 성형이 가능하며, 수분흡수율이 낮아 습도가 높은 곳에서도 사용할 수 있습니다. 전기·전자 부품 및 자동차 부품에 주로 활용되며, 유리 섬유로 강화한 PBT 복합 재료 형태로도 많이 쓰입니다.

$$\text{파라자일렌(PX)} \rightarrow \text{TPA} + \text{1,4-BD} \rightarrow \text{폴리부틸렌테레프탈레이트(PBT)}$$
$$\uparrow \qquad\qquad \uparrow$$
$$\text{산화} \qquad\quad \text{축합 중합}$$

6. 폴리페닐렌옥사이드

폴리페닐렌옥사이드(Polyphenylene oxide, PPO)는 전기절연성 및 방수성이 매우 우수한 엔지니어링 플라스틱입니다. 다만 유동성이 떨어져 가공이 어렵다는 단점을 갖습니다. 그래서 내충격성 폴리스티렌(High impact polystyrene, HIPS)을 블렌딩하여 사용합니다. 이렇게 만들어진 것을 MPPO(Modified PPO, 변성 PPO)라고 합니다. MPPO는 가장 값싼 엔지니어링 플라스틱으로 자동차 휠 캡, 테니스 라켓, 사무기기, 정밀 기계 부품 등 다양한 분야에서 두루 쓰입니다.

프로필렌 + 벤젠 → 페놀 + 메탄올 → 2,6-크실레놀 →
↑   ↑
큐멘 공정   산화 커플링 중합
폴리페닐렌옥사이드 수지(PPO) + HIPS → MPPO(변성 PPO)
↑
블렌딩

슈퍼 엔지니어링 플라스틱

슈퍼 엔지니어링 플라스틱은 150℃ 이상의 온도에서도 연속 사용이 가능합니다. 다만, 가격이 엔지니어링 플라스틱보다 2~10배 비싸 우주 항공과 같은 특수 분야에서 주로 쓰입니다. 대표적인 슈퍼 엔지니어링 플라스틱 7개를 알아보겠습니다.

1. 폴리이미드

폴리이미드(Polyimide, PI)는 내열성이 매우 우수한 슈퍼 엔지니어링 플라스틱입니다. 장시간 연속 사용 온도가 무려 170℃~260℃, 단시간 노출은 최대 480℃까지 가능합니다. 또, 굉장히 질긴 성질을 가지고 있어 여러 번 접었다 펴도 구김이 생기지 않습니다. 필름, 섬유, 성형물에 모두 적용이 가능해 다양한 분야에서 활용되고 있습니다.

PI는 크게 두 가지 유형으로 나뉩니다. 먼저 갈색을 띠는 불투명 PI는 주로 연성회로기판(Flexible PCB, FPCB) 하단부에 베이스 필름으로 사용되며, 색깔이 없는 투명한 PI는 폴더블 스마트폰 디스플레이의 커버 윈도용으로 쓰입니다.

| 그림 6-21. 산업 현장에서 다양한 용도로 쓰이는 PI 필름 |

벤젠 → PMDA + ODA → 폴리이미드(PI)

     ↑   ↑

유도화 반응   축합 중합

2. 폴리술폰

150℃의 연속 사용 온도(최대 170℃)를 갖는 폴리술폰(Polysulfone, PSU)은 내열성, 내충격성, 치수안정성, 내약품성, 전기적 특성이 우수하여 폴리카보네이트(PC)의 대체품, 혈액투석용 멤브레인 재질, 기계 부품, 인공호흡기, 자동차 퓨즈 등 여러 분야에서 사용되고 있습니다.

벤젠 → 비스클로아릴술폰 + BPA → 폴리술폰(PSU)
    ↑   ↑
유도화 반응   축합 중합

3. 폴리에테르에테르케톤

폴리에테르에테르케톤(Polyether ether ketone, PEEK)은 초내열성(연속 사용 온도 250℃)을 지닌 슈퍼 엔지니어링 플라스틱입니다. 슈퍼 엔지니어링 플라스틱이지만, 성형 가공이 용이하여 플라스틱 애호가들이 선호하는 소재입니다. 자동차 엔진 부품, 전선과 케이블, 반도체 설비, 2차 전지, 로봇, 우주·항공 산업 부품 등 다양한 분야에서 쓰이고 있습니다.

벤젠 → 하이드로퀴논 + 비스플루오로벤조페논 → 폴리에테르에테르케톤(PEEK)
    ↑   ↑
유도화 반응   축합 중합

4. 폴리페닐렌설파이드

폴리페닐렌설파이드(Polyphenylene sulfide, PPS)는 내열성, 내약품성, 강도, 전기절연성 등이 우수하여 전자레인지의 가이드 롤러, 스팀 다리미, 고전력용 구조물, 석유화학 공장의 설비 부품, 자동차 후드 내 각종 부품(배기가스 밸브, 각종 센서) 등 내열성이 요구되는 분야에서 주로 사용되고 있습니다.

| 그림 6-22. 전자레인지 가이드 롤러의 재료가 되는 PPS |

벤젠 → 디클로로벤젠 + 황화나트륨 → 폴리페닐렌설파이드(PPS)
　　　　↑　　　　　　　　　　　↑
　　유도화 반응　　　　　　축합 중합

5. 액정고분자

1888년, 오스트리아의 식물학자 프리드리히 라이니처(Friedrich Reinitzer)는 우연히 고체(결정)와 액체의 특성을 동시에 가지는 액정(Liquid crystal, LC)

을 발견합니다. LC는 1960년대 전자 손목시계와 전자계산기의 탄생을 이끌었고, 이후 LC가 주입된 디스플레이인 LCD 모니터가 개발되면서 TV, 노트북, 휴대폰 등 다양한 제품이 등장하게 되죠.

LC의 특성을 갖는 고분자가 바로, 액정고분자(Liquid crystal polymer, LCP)입니다. 유리 섬유(Glass fiber, GF)나 탄소 섬유(Carbon fiber, CF)를 별도로 첨가하지 않아도 고급 물성이 발현되는 자체 보강 수지로, 높은 열산화안정성과 고탄성, 고내열성을 갖춰 전기·전자, 자동차 등 여러 분야에서 사용됩니다.

벤젠 유도품 HBA + 나프탈렌 유도품 HNA → 액정 고분자(LCP)

↑

축합 중합

6. 폴리테트라플루오로에틸렌

폴리테트라플루오로에틸렌(Polytetrafluoroethylene, PTFE)은 사용 범위가 -270℃부터 250℃까지로 매우 넓습니다. 독특한 불소(Fluorine) 원소를 함유하며, 물이나 기름이 잘 붙지 않는 특성을 갖습니다. PTFE는 듀폰이 최초로 개발해 테프론(Teflon)이란 상품명을 붙였고, 이후 조리기구 등 다양한 응용 제품을 개발했는데 그중 하나가 바로 가정에서 널리 쓰이는 테팔(Tefal)이라는 브랜드의 프라이팬입니다. PTFE가 코팅된 프라이팬은 음식물이 타거나 잘 눌어붙지 않는 것으로 유명합니다.

| 그림 6-23. PTFE가 코팅되어 있는 프라이팬 |

현재는 프라이팬 외에도 베어링, 컨테이너와 관의 내벽, 부식성 환경에서 사용되는 밸브와 펌프의 부품, 의료용 튜브 등 다양한 분야에서 널리 쓰이고 있습니다.

메탄 유도품 클로로포롬 + 불산 → 프레온 →

↑ ↑

치환 반응 고온 열 분해

사불화에틸렌(TFE) → 폴리테트라플루오로에틸렌(PTFE)

↑

부가 중합

7. 폴리아릴레이트

폴리아릴레이트(Polyarylate, PAR)는 매우 높은 내충격성, 내열성, 난연성을 갖고 있으며, 전기·전자, 정밀 기계 부품, 자동차, 의료 분야 등에 쓰이고 있습니다.

프로필렌＋벤젠 → 큐멘 → 페놀＋아세톤 →
　　　↑　　　　↑　　　　　　↑
　　부가 반응　큐멘 반응　　축합 반응
BPA＋TPA＋PIA → 폴리아릴레이트(PAR)
　　　　　↑
　　　　축합 중합

지금까지 금속, 세라믹과 경쟁하면서 발전한 범용 플라스틱, 엔지니어링 플라스틱, 슈퍼 엔지니어링 플라스틱을 알아보았습니다. 이 외에도 꼭 알아야 할 합성 수지들을 살펴보겠습니다.

중요한 합성 수지

1. 불포화 폴리에스터 수지

불포화 폴리에스터 수지(Unsaturated polyester resin, UP)는 스티렌(SM) 등과 함께 사용하며, 주로 성형품을 만드는 데 쓰입니다. UP에 유리 섬유를 넣어 보강한 유리 섬유 강화 플라스틱(Glass fiber reinforced plastic, GFRP)의 형태로도 쓰이는데, 물성이 매우 우수해 목욕 욕조의 재료로 사용됩니다.

| 그림 6-24. 욕조의 재료가 되는 UP |

벤젠 or 부탄 → MA + EG or PG → 불포화 폴리에스터(UP)
　　　　　↑　　　　　　↑
　　　　　산화　　　에스테르화 반응

2. 에폭시 수지

에폭시 수지(Epoxy resin)는 단독으로 사용하지 않고 경화제(및 촉매)와 함께 사용합니다. 열경화성 수지로 치수안정성, 내화학성, 강도 등이 우수하고 절연 특성을 가지고 있어 다양한 분야에서 활용됩니다. 특히, 접착 및 보호 코팅성이 뛰어나 고성능 접착제와 코팅 재료 등으로 널리 쓰입니다. 유리 섬유 강화 플라스틱(GFRP)과 탄소 섬유 강화 플라스틱(Carbon fiber reinforced plastic, CFRP)을 만들 때도 에폭시가 사용됩니다.

EMC(포장재)

| 그림 6-25. 반도체를 보호하는 포장재로도 쓰이는 에폭시 수지 |

프로필렌 + 염소 가스 → 염화 알릴 → ECH + BPA → 에폭시(Epoxy)
            ↑   ↑   ↑
        치환 반응   산화 반응   치환 반응

3. 폴리우레탄 수지

폴리우레탄 수지(Polyurethane resin, PU)는 자동차 내장재부터 신발 쿠션, 접착제에 이르기까지 활용도가 굉장히 넓습니다. 특히 발포 구조 함유가 가능해 다양한 폼(Foam)을 만들 수 있는데, 폼의 수요가 가장 많습니다. PU 폼은 스펀지, 침대 매트리스 등에 사용되는 연질 폼과 건축용 샌드위치 패널, 냉장고 단열재, LNG선 보냉재 등으로 사용되는 경질 폼으로 나뉩니다. 앞서 소개한 범용 플라스틱인 폴리스티렌(PS)과 함께 대표적인 단열 플라스틱으로 꼽힙니다.

| 그림 6-26. 스펀지의 재료가 되는 PU |

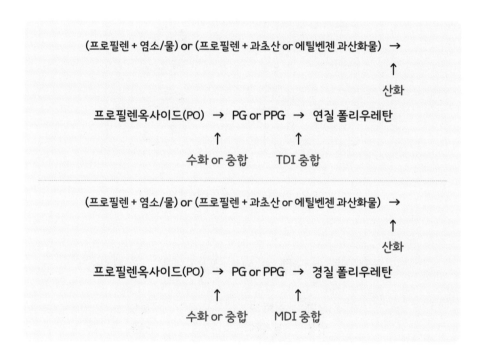

4. 페놀 수지

페놀 수지(Phenolic resin)는 가장 오래된 합성 수지 중 하나로 전기절연성, 내열성, 치수안정성, 내구성, 가공성 등이 우수해 전기절연체, 자동차 부품,

접착제, 코팅제, 각종 전자 제품, 항공기 부품 등 다양한 분야에서 폭넓게 쓰이고 있습니다.

페놀 수지와 우레아 수지(Urea resin, UF), 멜라민 수지(Melamine resin, MF)는 포름알데히드를 원료로 만들어지는데, 이들 셋을 '3대 열경화성 수지'라고 부릅니다.

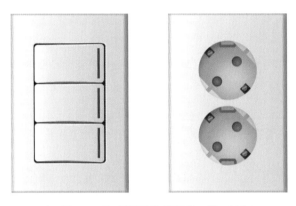

| 그림 6-27. 전기절연체에 사용되는 페놀 수지 |

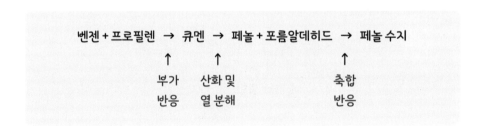

5. 석유 수지

석유 수지(Petroleum resin)는 점착성과 접착성이 매우 우수해 접착력이 필요한 다양한 제품에서 활용됩니다. 특히 수소를 첨가한 수첨 석유 수지의 경우 무색·무취·무독성의 특성이 있어 기저귀와 생리대 등 위생용품을 접착할 때 쓰입니다.

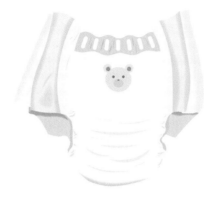

| 그림 6-28. 위생용품을 접착할 때 쓰이는 석유 수지 |

나프타 → 분해 잔사(NCB) → 석유 수지

6. 초산 비닐 수지

초산 비닐 수지(Polyvinyl acetate resin, PVAc)는 부드럽고 낮은 연화점*을 가져 성형 제품에는 응용이 제한되지만, 점착성과 접착성이 우수하여 본드와 같은 접착제나 수용성 페인트, 추잉껌의 원료, 콘크리트 개질제 등으로 사용됩니다.

---

* 고체에서 점성이 있는 액체로 변화하기 시작하는 온도를 말합니다.

에틸렌 + 초산 → VAc → 초산 비닐 수지(PVAc)
                ↑   ↑
           산화 반응   부가 중합

한편 PVAc를 알칼리로 가수 분해하면 폴리비닐알코올(Polyvinyl alcohol, PVA)이 만들어지는데요, 수용성이라 물에 녹여서 물풀 또는 액체 괴물과 같은 장난감을 제조할 수 있고, 합성 섬유인 비닐론(Vinylon)의 원료로도 사용됩니다.

PVAc + 알칼리 → 폴리비닐알코올(PVA)
           ↑
        가수 분해

| 그림 6-29. 본드의 원료가 되는 PVAc와 액체 괴물을 만들 때 쓰이는 PVA |

진짜 하루만에 이해하는 정유·석유화학 산업

친환경 플라스틱
·························

그동안 플라스틱은 인류에게 엄청난 사랑을 받아왔습니다. 하지만 최근에는 환경 오염의 주범으로 인식되고 있죠. 전 세계 주요국들이 비닐봉지, 스티로폼, 빨대 등 플라스틱 사용에 대한 규제에 나서자 기업들은 친환경 제품들을 속속 선보이고 있습니다. 친환경 플라스틱은 재활용 플라스틱을 기반으로 하는 리사이클링(Recycling) 제품과 바이오 기술을 적용한 생분해 제품* 으로 나뉩니다.

1. 포스트 컨슈머 리사이클

포스트 컨슈머 리사이클(Post consumer recycled, PCR)이란 페트병과 같은 플라스틱 제품을 선별·수거하여 재활용한 원료를 말합니다. 하지만 이물질이나 종류가 다른 플라스틱이 섞여 있으면 이를 분리하는 비용이 많이 발생합니다. 이 때문에 기계적 재활용(또는 물리적 재활용)에는 한계가 있습니다. 한편, 폐플라스틱을 고온 열 분해하여 연료 및 기초 유분 상태로 되돌리는 화학적 재활용 방식도 글로벌 기업과 국내 대기업을 중심으로 연구·개발되고 있습니다.

---

* 생분해란 미생물이 플라스틱을 먹은 후, 이산화탄소 등으로 배출하는 것을 의미합니다. 이렇게 플라스틱이 생분해되면 환경 오염을 줄일 수 있습니다.

2. 생분해성 플라스틱

생분해성 플라스틱(Biodegradable Plastic)은 사탕수수, 옥수수, 셀룰로오스 등 천연 물질을 원료로 만드는 자연 유래 플라스틱으로, 바이오 플라스틱(Bioplastic)이라고도 불립니다. 합성 플라스틱과 달리 사용 후 매립하면 미생물에 의해 6개월~1년 내 물과 이산화탄소, 메탄 등으로 완전히 분해됩니다. 이런 이유로 친환경 플라스틱 시장에서는 생분해성 플라스틱을 게임 체인저로 보고 있습니다.

유럽 등에서는 포장 완충재, 위생용품, 식음료 접시 등으로 사용이 확대되고 있지만, 아직까지는 강도가 약하고 활용 분야도 제한적이라 실질적인 상용화 단계로 보기는 어렵습니다.

한편, 기존 플라스틱에 생분해를 향상시키는 첨가물을 넣은 생붕괴성 플라스틱도 있습니다. 물성이 좋아 생분해성 플라스틱보다 사용은 편리하지만, 완전한 분해로 이어지지 않는다는 단점이 있습니다.

3. 폴리락트산

옥수수와 같은 곡물에서 추출되는 전분(Starch)은 충분한 공급이 가능하고, 무독성에 가격까지 저렴해 이를 활용한 다양한 변성 기술이 개발되고 있습니다. 전분의 포도당(Glucose) 단위로부터 젖산(Lactaid acid, LA) 및 락타이드(Lactaid)를 얻고 이를 개환 중합해 만드는 폴리락트산(Polylactic acid, PLA)이 대표적입니다.

전분의 포도당 → 젖산 및 락타이드 → 폴리락트산(PLA)
↑
개환 중합

PLA는 다른 생분해성 플라스틱보다 가격이 저렴하면서도 물성이 우수해 빨대, 컵과 같은 생활용품부터 수술 후 몸속에서 분해되는 흡수용 실 등으로 쓰입니다. 다만, 가공성이 다소 취약해 다른 합성 플라스틱과 블렌딩해 물성을 향상시키기도 합니다.

4. 폴리하이드록시알카노에이트

폴리하이드록시알카노에이트(Polyhydroxyalkanoate, PHA)는 미생물이 식물 유래 먹이를 먹은 후, 세포 안에서 생산하는 천연 수지입니다. 바닷물 속에서도 100% 생분해되는 유일한 소재로 생분해성 및 생체적합성의 특징을 갖습니다. 제조 공정은 바이오 기반과 석유화학 기반으로 나뉘는데, 현재는 바이오 기반으로만 생산합니다.

PHA 중, 설탕 또는 에탄올의 발효에 의해 제조되는 PHB(Poly-3-hydroxybutyrate)는 비싼 가격에도 불구하고, 175℃의 녹는점과 우수한 인장 강도 및 내구성으로 의료용 실, 필름, 섬유 등에 사용되고 있습니다.

5. 폴리부틸렌아디페이트테레프탈레이트

폴리에스터 수지는 부분적인 생분해성을 보이는 지방족 폴리에스터와 생분해 특성은 없어도 기계적 물성이 보장되는 방향족 폴리에스터로 나눌 수 있습니다. 폴리부틸렌아디페이트테레프탈레이트(Polybutylene adipate terephthalate, PBAT)는 원유에서 뽑아낸 원료를 사용하지만, 지방족과 방향족 특성을 모두 내포해 생분해성 플라스틱의 범주에 들어갑니다.

현재 가장 널리 쓰이는 생분해성 플라스틱은 앞에서 다룬 PLA입니다. 다만, PLA는 유연성과 충격 강도가 부족해 다양한 제품에 적용하기에는 한계가 있습니다. 이를 보완하기 위해 여러 방법을 쓰는데 PBAT와의 블렌딩도 그중 하나입니다. 이를 통해 생분해되면서도 생활용품에 적합한 물성을 얻을 수 있습니다.

아디프산(AA) + 테레프탈산(TPA) + 1,4-BD →

↑
공축합 중합

폴리부틸렌아디페이트테레프탈레이트(PBAT)

6. 이소소르비드

이소소르비드(Isosorbide, ISB)는 옥수수와 같은 식물 자원에서 추출한 전분을 화학적으로 가공한 물질입니다. ISB로 만든 플라스틱은 생분해 플라스틱의 범주에는 들어가지 않지만 식물 자원을 사용해 제조 과정에서 이산화탄소의 수준을 증가시키지 않으므로 친환경 플라스틱으로 분류됩니다.

7. 바이오폴리올

폴리우레탄(PU), 스판덱스 등 탄성이 필요한 소재에는 폴리올[*]이 필요합니다. 이 폴리올을 옥수수 같은 자연 유래 성분으로 대체한 것이 바로 바이오폴리올(Polyoxytrimethylene ether glycol, PO3G) 입니다.

---

* 폴리올은 크게 폴리에테르폴리올(Polyether polyol)과 폴리에스터폴리올(Polyester polyol)로 나뉩니다. 앞서 폴리우레탄(PU)을 만들 때, 중간 원료로 쓰인 PPG가 대표적인 폴리에테르폴리올입니다.

합성 섬유
한눈에 이해하기

섬유의 분류

섬유는 크게 천연 섬유, 준천연(반합성) 섬유, 합성 섬유 이렇게 세 가지로 나뉩니다. 천연 섬유는 자연에서 얻는 섬유를 말하며, 식물 유래의 목면과 마(셀룰로오스), 동물 유래의 견과 양모가 있습니다.

준천연 섬유는 천연물을 변성하여 만들어지는 섬유로 셀룰로오스 기반의 레이온과 무수 초산으로 개질한 아세테이트가 있습니다. 이 둘은 인공적으로 만든 섬유이지만, 원재료가 자연에서 유래하기에 합성 섬유가 아닌 재생 섬유

(Regenerated cellulose fiber) 범주에 들어갑니다.

합성 섬유는 원유, 석탄, 천연가스 등에서 추출한 탄소 등을 원료로 하여 만든 인공 섬유를 말합니다. 폴리아마이드(나일론), 폴리에스터(PET 섬유), 아크릴(PAN 섬유), 폴리우레탄(스판덱스)이 대표적인 합성 섬유입니다. 합성 섬유는 기능에 따라 의류용과 산업용으로 나뉩니다. 보통 산업용 섬유에 훨씬 더 높은 내구성과 강도가 요구됩니다. 물리적인 길이에 따라 장섬유(Filament)와 단섬유(Staple fiber)로도 나뉘는데, 장섬유는 실, 단섬유는 장섬유를 짧게 잘라 가공한 솜을 의미합니다.

대표적인 준천연 섬유

1. 레이온

레이온(Rayon)은 재생 셀룰로오스 섬유입니다. '인조 견직물'이라는 의미의 인견(人絹), 상품명인 비스코스(Viscose) 혹은 비스코스 레이온으로도 불립

| 그림 6-30. 천연 마 느낌의 레이온 원단. 출처 - D65 FABRIC |

니다. 강도는 낮지만, 내열성, 내알칼리성, 염색성, 흡습성이 우수합니다. 까칠한 천연 마 원단 느낌이 나는 소재로 여름철 옷감, 란제리, 레이스, 안감, 블라우스 등의 용도로 쓰입니다. 폴리에스터와 면에 이어 세계에서 세 번째로 많이 사용되는 섬유입니다.

천연 펄프 → 비스코스 용액 → 레이온
　　　↑　　　　　　↑
알칼리·황화 처리　방사 및 연신*

2. 아세테이트

광택이 우아하며 촉감이 부드러워 안감지, 넥타이, 가운, 스카프, 커튼, 침대 커버 등에 사용됩니다. 다만, 흡습성 및 염색성이 다소 부족하다는 단점이

| 그림 6-31. 광택이 우아한 아세테이트 원단. 출처 - D65 FABRIC |

---

* 방사는 액체 형태의 폴리머 또는 섬유 형성 물질을 섬유로 변환하는 것을 말합니다. 쉽게 말해, 실을 뽑아내는 과정입니다. 연신은 섬유를 늘리는 것으로 이 과정에서 다양한 물성이 부여됩니다.

있습니다.

셀룰로오스 + 무수 초산 → 셀룰로오스 아세테이트 → 아세테이트
                                                        ↑
                                                   방사 및 연신

대표적인 합성 섬유

1. 폴리아마이드(나일론)

1935년, 듀폰의 연구원인 월리스 캐러더스(Wallace H. Carothers)가 나일론(Nylon) 수지를 개발합니다. 그리고 3년 뒤 이 수지를 이용해 인공 실크라 불리는 나일론 섬유가 출시되죠. 나일론 섬유를 이용해 만든 대표적인 제품이 바로 스타킹입니다. '거미줄보다 가늘고 강철보다 질긴 기적의 실'이라는 광고 문구와 함께 스타킹은 출시하자마자 엄청난 성공을 거둡니다. 뉴욕의 백화점 앞은 나일론 스타킹을 구매하기 위한 사람들로 발 디딜 틈이 없을 정도였죠.

최초로 나일론을 상업화한 듀폰은 아디프산(AA)과 헥사메틸렌디아민(HexamethylenediAmine, HMDA)을 축합 중합해 나일론을 만들었습니다. AA의 탄소 수는 6개, HMDA의 탄소 수도 6개였기에 이렇게 만들어진 나일론은 Nylon 66으로 불리게 됩니다.

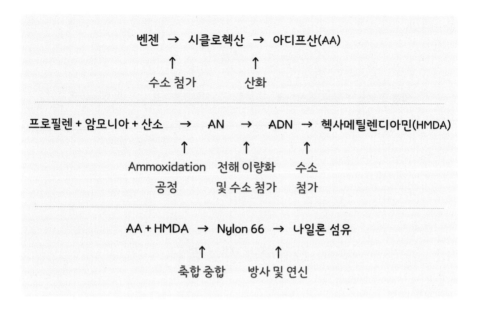

벤젠 → 시클로헥산 → 아디프산(AA)
　　　↑　　　　　↑
　　수소 첨가　　산화

프로필렌 + 암모니아 + 산소 → AN → ADN → 헥사메틸렌디아민(HMDA)
　　　　↑　　　　　　↑　　　　↑
　Ammoxidation　전해 이량화　수소
　　공정　　　　및 수소 첨가　첨가

AA + HMDA → Nylon 66 → 나일론 섬유
　　　　↑　　　　↑
　　축합 중합　방사 및 연신

한편, 듀폰의 라이벌이었던 독일 기업 이게파르벤(IG Farben)과 바이엘(Bayer)은 Nylon 66 수지 개발에서 이미 듀폰에게 뒤처졌기에 다른 방식으로 접근할 수밖에 없었습니다. 그리고 1940년, 마침내 분자 구조가 다른 고리 모양의 카프로락탐(Caprolactam, CPLM)을 개발하는 데 성공하고, 이를 개환 중

벤젠 → 시클로헥산 → 시클로헥사논 → 시클로헥사논 옥심 →
　　↑　　　　　↑　　　　　↑　　　　　　↑
　수소 첨가　　산화　　　옥심 반응　　베크만 전위 반응

카프로락탐(CPLM) → Nylon 6 → 나일론 섬유
　　　　　↑　　　　　↑
　　　개환 중합　방사 및 연신

합해 나일론을 생산하죠. 카프로락탐의 탄소 수 역시 6개였기에 이렇게 만들어진 나일론은 Nylon 6으로 불리게 됩니다.

Nylon 66과 Nylon 6은 성능 면에서는 차이가 없지만 생산 공정에서는 큰 차이가 있습니다. 먼저, Nylon 66은 Nylon 610, 612 등의 다양한 제품군을 늘리기가 용이합니다. 반면 Nylon 6은 제품군을 늘리기는 어렵지만, 비료와 화약의 원료가 되는 황산암모늄과 질산암모늄을 부산물로 얻을 수 있습니다. 참고로 우리나라는 1960년대 중화학공업 육성 정책에 따라 Nylon 66과 Nylon 6 중에 하나를 선택해야 했는데, 당시는 농사의 비중이 컸기에 비료가 절실했고, 남북이 대치 중이라 무기도 필요해 Nylon 6을 선택한 바 있습니다.

초기의 나일론 섬유는 마찰 강도가 크고 구김이 적어 스타킹, 양말, 메리야스류에 사용되었습니다. 이후 의복, 낙하산, 텐트, 현악기 줄, 테니스 라켓 줄 등 다양한 형태로 범위가 확장되었죠. 현재는 섬유를 넘어 안전벨트, 전기·전자 제품 등 여러 분야에서 엔지니어링 플라스틱의 용도로도 사용되고 있습니다.

| 그림 6-32. 스타킹부터 안전벨트까지 다양한 분야에서 쓰이는 나일론 |

2. 폴리에스터(PET)

앞서 PET 수지는 플라스틱의 용도로도 쓰이고, 섬유 용도로도 쓰인다고 말씀드렸는데요, 이 PET 수지를 이용해 만든 섬유가 바로 폴리에스터(Polyester)입니다. 폴리에스터 섬유는 주름이 잘 지지 않으며, 물 빨래가 가능하고 건조가 빠르다는 특성을 갖습니다. 또, 면이나 양모와 혼방성이 좋고, 극세섬유로는 인조피혁도 만들 수 있죠. 이러한 이유로 전 세계 합성 섬유 생산량의 50% 이상을 차지하고 있습니다. 폴리에스터는 의류뿐 아니라 탄소 섬유 또는 유리 섬유를 보강해 엔지니어링 플라스틱을 만드는 데도 쓰입니다.

폴리에스터는 에틸렌글리콜(EG)과 테레프탈산(TPA)을 축합 중합해 PET 수지를 얻고 이를 방사 및 연신해 만듭니다. 참고로 여러 자일렌 중에 파라자일렌(PX)의 부가가치가 가장 높은데, 이는 PX가 TPA의 원료라서 그렇습니다.

| 그림 6-33. 합성 섬유 중 가장 많이 사용되는 폴리에스터 섬유 |

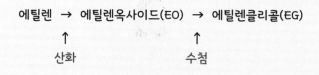

에틸렌 → 에틸렌옥사이드(EO) → 에틸렌글리콜(EG)

        ↑   ↑

      산화   수첨

파라자일렌(PX) → 테레프탈산(TPA)

        ↑

      산화

EG + TPA → PET 수지 → 폴리에스터 섬유

     ↑   ↑

 축합 중합   방사 및 연신

3. 폴리우레탄(스판덱스)

제2차 세계 대전 당시, 생산된 고무의 대부분은 군수용품으로 사용되었습니다. 이에 고무를 대체할 만한 탄성을 갖는 소재를 합성하기 위한 연구가 활발히 진행되죠. 그리고 1927년 독일의 화학자 오토 바이엘(Otto Bayer)이 폴리우레탄(Polyurethane, PU) 수지를 개발합니다. 뒤이어 1959년, 듀폰의 화학자였던 조셉 쉬버(Joseph C. Shivers)가 폴리우레탄 수지를 바탕으로 폴리우레탄 섬유를 만듭니다. 이 폴리우레탄 섬유가 바로 우리가 잘 알고 있는 스판덱스(Spandex)입니다. 초기의 스판덱스는 의료용 스타킹 제조에 사용되었지만, 현재는 운동복, 요가복, 레깅스, 고탄력 의료용 스타킹 등 신축성이 있는 대부분의 옷감에 쓰이고 있습니다.

┃ 그림 6-34. 요가복, 레깅스 등 신축성이 있는 옷에 쓰이는 폴리우레탄 섬유 ┃

벤젠 → 니트로벤젠 → 아닐린 + 포르말린 →
　↑　　　　　↑　　　　　　　↑
질산 첨가　　수소 첨가　　　축합 반응

MDA → 메틸렌 디페닐 디이소시아네이트(MDI)
　↑
포스겐 반응

MDI + 폴리올(PTMEG) + 사슬연장제 → PU 수지 → 스판덱스 섬유
　　　　　　　　　　　　↑　　　　　　↑
　　　　　　　　　　　중합　 건식 or 습식 방사
　　　　　　　　　　　　　　　　및 연신

4. 아크릴(PAN)

아크릴(Acryl)로 만든 섬유는 염색성이 좋고 가벼울 뿐 아니라, 솜보다 내구성이 우수합니다. 촉감도 양모와 비슷해서 양복지, 스웨터, 모포, 카페트, 이불 솜, 겨울 내의, 인조 모피 등에 두루 쓰입니다.

| 그림 6-35. 스웨터에 쓰이는 아크릴 섬유 |

프로필렌 + 암모니아 + 산소 → AN → PAN → 아크릴 섬유

　　　　　　　↑　　　　↑　　　　　↑

　　　　　암모니아　부가　건식 or 습식
　　　　　산화 공정　중합　방사 및 연신

기능성 섬유

의류 광고를 보면 흡한속건(땀을 빠르게 흡수하고 땀이 빠르게 마름), 냉감(차가운 감촉을 가짐), 투습방수(땀은 내보내고 비는 막아 줌), UV 차단 등 특정한 기능을 강조하는 것을 자주 볼 수 있습니다. 이렇게 기존 섬유의 특징 외에 새로운 기능을 가진 섬유를 기능성 섬유라고 합니다.

1. 폴리테트라플루오로에틸렌 직물

등산용 재킷은 아웃도어 시장에서 가장 인기 있는 품목이죠. 대부분의 브랜드가 '눈과 비, 바람은 차단하고 땀은 밖으로 배출한다.'라는 내용으로 홍보를 합니다. 이것은 방수투습 원단(Microporous PTFE)* 덕분에 가능한 일인데, 이 원단이 바로 우리에게 고어텍스(Gore-tex)라는 이름으로 더 익숙한 폴리테트라플루오로에틸렌(Polytetrafluoroethylene, PTFE) 직물입니다. 듀폰이 슈퍼 엔지니어링 플라스틱인 PTFE를 의류에 적용해 '고어텍스'라는 상품명을 붙였습니다. PTFE 섬유는 생산 공정이 복잡해 제조 원가가 비싸지만, 원단 본래의 촉감을 해치지 않고 착용감이 우수합니다. 또, 통기성이 뛰어나 땀을 밖으로 배출해 건조함을 유지해주죠. 이 같은 점 때문에 등산용 재킷 외에도 여러 고기능성 제품에 쓰이고 있습니다.

---

* 재킷 외피에 눈에 보이지 않는 수억 개 이상의 미세한 구멍이 뚫려 있는 원단을 말합니다.

| 그림 6-36. 등산용 재킷 등 기능성 옷에 쓰이는 PTFE 직물 |

2. 아라미드

아라미드(Aramid)는 같은 무게의 강철보다 무려 5배나 강한 '슈퍼 섬유'입니다. 크게 파라아라미드(Para-aramid, 상품명 케블라)와 메타아라미드(Meta-aramid, 상품명 노멕스)로 나뉘는데, 이 둘의 활용도가 조금 다릅니다.

파라자일렌(PX)으로 만드는 파라아라미드는 500℃급의 내열성과 200℃급의 치수안정성을 가지며, 난연성과 내염성*, 전기절연성, 내피로강도** 등이 우수해 소방관의 방화복, 항공기 내장재, 방탄 조끼, 방탄 헬멧, 타이어 코드, FRP 보강재 등으로 널리 사용되고 있습니다. 메타자일렌(MX)으로 만드는 메

---

*   불에 의한 손상을 견디는 능력을 말합니다.
** 반복되는 하중 또는 스트레스를 견디는 능력을 말합니다.

타아라미드는 고온과 화염을 견딜 수 있도록 특별히 설계되어 소방 장비, 보호복, 산업용 작업복 및 군복에 사용됩니다.

| 그림 6-37. 소방관의 방화복으로 쓰이는 아라미드 |

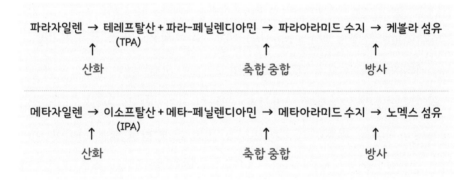

3. 탄소 섬유

섬유를 플라스틱에 넣어 강도를 향상시킨 복합 재료를 섬유 강화 플라스틱(Fiber-reinforced plastic, FRP)이라고 합니다. 유리 섬유를 넣은 유리 섬유 강화 플라스틱(Glass fiber reinforced plastic, GFRP)이 1세대였다면, 탄소 섬유를 넣은 탄소 섬유 강화 플라스틱(Carbon fiber reinforced plastic, CFRP)은 2세대에 해당합니다.

PAN 섬유를 1,000~3,000℃에 놓고 탄화 공정*을 진행하면 탄성과 강도가 매우 높은 탄소 섬유(Carbon fiber, CF)를 만들 수 있습니다. 이렇게 만든 탄소 섬유를 일정한 방향으로 배열하고 에폭시와 같은 수지를 복합화한 후, 직물 또는 플라스틱 형태로 만들면 CFRP가 됩니다. CFRP는 과중한 힘을 받는 산업용 부품의 보강재로 광범위하게 활용되며, 금속 재료의 대체재로서 항공기 동체, 골프 샤프트 등에도 쓰입니다.

4. 폴리비닐알코올

비닐론(Vinylon)이라고도 불리는 폴리비닐알코올(Polyvinyl alcohol, PVA)은 흡습성이 뛰어나고, 인장 강도와 마찰 강도가 우수합니다. 또 정전기가 덜 발생해 다양한 분야에서 쓰이고 있습니다.

에틸렌 + 초산 + 산소 → VAc → PVAc 수지 → PVA 수지 → 폴리비닐알코올 섬유

산화 반응   부가 중합   가수 분해   방사 및 연신

---

*   산소·수소·질소 등의 원소를 제거하고 탄소만 남기는 공정입니다.

5. 폴리프로필렌

폴리프로필렌(Polypropylene, PP)은 무게가 가볍고, 강도와 탄성이 우수합니다. 또, 수분(습기)을 잘 흡수하지 않아 박테리아가 번식하지 않습니다. 다만, 염색이 어려워 의류용보다는 산업용 섬유로 주로 쓰입니다. 한편, PP 섬유를 압착해 만든 필터는 보건용 마스크, 에어컨, 공기청정기 등에 활용되고 있습니다.

프로필렌　→　폴리프로필렌 수지　→　폴리프로필렌 섬유

　　　　　↑　　　　　　　　↑

　　　부가 중합　　　용융 방사 및 연신

합성 고무
한눈에 이해하기

천연 고무 VS 합성 고무

나무에는 수액이 있습니다. 소나무의 송진(Rosin)과 고무 나무의 라텍스(Latex)가 대표적이죠. 18세기 이전의 천연 고무는 고무 나무의 나무껍질에 상처를 낸 후, 흘러내리는 우유 빛깔의 라텍스를 받아 이를 공기 중에 굳혀서 생산했습니다. 우리가 '고무'라고 하면 가장 먼저 떠올릴 수 있는 제품이 바로 지우개인데요, 지우개는 영국의 과학자 조셉 프리스틀리(Joseph Priestley)가 최초로 발견했습니다. 그는 우연히 종이에 쓴 글씨를 고무로 문지르면 지워지는 것을 발견하고, 고무를 '문지르다(Rub)'의 명사형인 Rubber라고 이름 붙입니다. 초기의 천연 고무는 공기와 물이 통과하지 못해 고무로 코팅된 우비를 만들기도 했지만, 내구성(특히 내열성과 내약품성)이 매우 취약해 사용 분야가 한정적이었습니다.

1839년, 미국의 화학자 찰스 굿이어(Charles Goodyear)는 천연 고무에 유황(Sulfur)을 섞어 가열하면 내열성과 높은 탄성이 생긴다는 사실을 발견합니다.* 이로써 천연 고무는 치수안정성을 지니게 되었고 여러 분야에서 다양한 고무 제품이 생산됩니다. 그리고 1888년, 영국의 발명가인 던롭(John Boyd Dunlop)이 공기 타이어를 개발하면서 지금과 같은 고무 산업이 확립되죠. 하지만 타이어 수요가 급증하면서 천연 고무 나무는 고갈 상태에 이릅니다.

제2차 세계 대전 중 천연 고무의 공급이 어려워진 독일은 합성 고무 개발에 적극적으로 뛰어듭니다. 그리고 오늘날에도 유용하게 사용되는 스티렌 부타디엔 고무(SBR)를 만들어내죠. 이에 질세라 미국도 대규모로 합성 고무를 생산해내며 합성 고무 산업이 크게 성장합니다. 전쟁이 끝난 후에도 산업은 더욱더 발전하여 현재는 타이어부터 산업용 벨트와 호스, 각종 생활용품에 이르기까지 다양한 분야에서 합성 고무 제품들이 광범위하게 쓰이고 있습니다.

---

*   가황법(Vulcanization). 현대 용어로는 '고무의 경화'를 뜻합니다.

대표적인 합성 고무

1. 스티렌부타디엔 고무

스티렌부타디엔 고무(Styrene-butadiene rubber, SBR)는 일상 생활에서 가장 많이 사용하는 범용 고무입니다. 천연 고무보다 내마모성, 내노화성*, 내열성이 우수해 자동차 타이어, 산업용 벨트와 호스, 기계 부품, 건자재용 고무에 이르기까지 여러 분야에서 널리 쓰이고 있습니다.

SBR은 모노머가 물에 분산된 에멀전(또는 라텍스) 상태에서 부가 중합을 합니다.** 이때, 물을 함유한 상태의 제품을 SB 라텍스, 물을 제거한 고상의 제품을 SBR이라 부릅니다. SB 라텍스는 접착력이 우수해 종이를 코팅하거나 카페트와 같은 섬유를 코팅하는 용도로 사용합니다.

| 그림 6-38. 자동차 타이어에 활용되는 SBR |

---

*   시간이 지나도 원래의 성질과 성능을 유지하는 능력을 말합니다.
** SBR 뿐 아니라 대부분의 합성 고무가 해당됩니다.

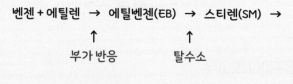

벤젠 + 에틸렌 → 에틸벤젠(EB) → 스티렌(SM) →

↑   ↑

부가 반응   탈수소

스티렌 + 부타디엔 → SBR 및 SB 라텍스

↑

에멀전 부가 중합

2. 니트릴부타디엔 고무

니트릴부타디엔 고무(Nitrile butadiene rubber, NBR)는 내유성*, 내화학성이 매우 뛰어납니다. 이런 이유로 기름이나 연료를 운반하는 호스 등을 만드는 데 사용됩니다. 한편, NB 라텍스는 주로 의료용 장갑이나 산업용 장갑을

| 그림 6-39. 의료용 장갑에 쓰이는 NB 라텍스 |

---

* 기름에 의한 부식이나 손상에 저항하는 능력입니다. 물에 의한 부식이나 손상에 저항하는 능력은 내수성이라고 합니다.

만드는 데 쓰입니다. 위생과 안전에 대한 중요성이 커지면서 더욱더 주목받고 있는 소재입니다.

프로필렌 + 암모니아 + 산소 → 아크릴로니트릴(AN) →
↑
암모니아 산화 공정

아크릴로니트릴 + 부타디엔 → NBR 및 NB 라텍스
↑
에멀전 부가 중합

3. 부타디엔 고무

부타디엔 고무(Butadiene rubber, BR)는 다른 고무와 쉽게 블렌딩할 수 있고 내마모성, 반발탄성[*], 내노화성, 내수성이 우수하여 타이어, 벨트, 호스 등의 일반 공업 고무 제품 및 신발 등에 사용됩니다.

부타디엔 → 부타디엔 고무(BR)
↑
용액 부가 중합

---

[*]　변형 후 원래 형태로 빠르게 복원하는 능력을 말합니다.

4. 부틸 고무

부틸 고무(Isobutene isoprene rubber, IIR)는 탄성은 적지만 기체를 차단하는 특성이 뛰어납니다. 또한 내오존성, 내노화성, 전기절연성이 우수해 타이어(겉 타이어는 SBR, 속 타이어는 IIR), 창틀 고무, 방음 재료 등의 용도로 사용됩니다.

나프타 → C$_4$ 이소부텐 및 C$_5$ 이소프렌

↑

열 분해

───────────────────────────────

이소부텐 + 소량의 이소프렌 → 부틸 고무(IIR)

↑

용액 부가 중합

5. 클로로프렌 고무

클로로프렌 고무(Chloroprene rubber, CR)는 '네오프렌'이라는 상품명으로 잘 알려진 내화 고무입니다. 내열성, 내오존성, 내약품성, 내화학성, 전기절연성 등이 우수합니다. 주로 잠수복 재료로 사용되었으나 최근에는 의류부터 전선 피복, 컨베이어 벨트, 방진 고무에 이르기까지 다양한 분야에서 두루 쓰이고 있습니다.

| 그림 6-40. 잠수복 재료로 쓰이는 클로로프렌 고무(CR) |

부타디엔 → 클로로프렌 → 클로로프렌 고무(CR)
　　　　↑　　　　　　↑
염소화 반응　에멀전 부가 중합

6. 기타 고무

앞서 언급한 고무 외에도 에틸렌프로필렌 고무(Ethylene-propylene rubber), 클로로술폰화폴리에틸렌 고무(Chlorosulfonated polyethylene rubber), 아크릴 고무(Acrylc rubber), 불소 고무(Fluoroelastomer rubber), 실리콘 고무(Silicone rubber), 이소프렌 고무(Isoprene rubber), 폴리우레탄 고무(Polyurethane rubber, 일명 TPU) 등 다양한 고무 제품이 있습니다.

정밀화학
한눈에 이해하기

정밀화학(Fine chemicals)은 생활 주변의 염·안료, 의약품 원료, 계면활성제, 접착제, 비료, 각종 첨가제 등 약방의 감초 역할을 하는 제품*을 생산하는 산업입니다. 앞서 배운 합성 수지, 합성 섬유, 합성 고무 산업보다 부가가치가 더 높습니다.

---

* 주로 탄소를 기반으로 하는 유기계 케미컬을 지칭합니다.

염료

19세기 말 이전에는 직물을 염색할 때 식물의 껍질, 열매 등과 같은 천연 재료를 사용했습니다. 하지만 천연 염료는 대량 생산이 어렵고, 희소가치가 높아 가격이 매우 비쌌습니다. 1856년, 윌리엄 퍼킨(William Henry Perkin)은 말라리아의 특효약인 퀴닌(Quinine)을 합성하는 실험을 하던 중, 우연히 보랏빛을 띠는 물질을 얻습니다. 그는 이 물질이 염료가 될 수 있다는 사실을 깨닫고 '모브(Mauve)*'라는 이름을 붙여 판매를 시작합니다. 최초의 합성 염료는 이렇게 탄생했습니다. 모브 덕분에 누구나 컬러의 옷을 입을 수 있게 되었고, 많은 화학자들이 합성 염료를 만드는 연구에 뛰어듭니다.

1905년에는 독일 화학자인 바이어(Johann Friedrich Wilhelm Adolf von Baeyer)가 청바지의 청색을 내는 합성 염료인 인디고(Indigo)의 구조를 규명하고 이를 합성하는 데 성공합니다. 그는 이 공로로 노벨화학상을 수상하죠. 이후 새로운 합성 염료들이 계속 등장하며 정밀화학 산업은 더욱 발전합니다.

오늘날에는 약 7천 종 이상의 합성 염료가 있으며 섬유 산업뿐 아니라 가죽, 종이, 식품 및 화장품 산업에도 널리 쓰이고 있습니다. 초기의 합성 염료는 석탄의 콜타르(Coal tar)를 원료로 하였지만, 현재는 대부분 원유에서 원료를 얻습니다.

---

* 프랑스 들판에 피는 보라색 들꽃의 이름에서 차용한 명칭입니다.

벤젠 + 질산 → 니트로벤젠 → 아닐린 → 아조계 염료

↑ ↑ ↑

니트로화 반응　수소 첨가　아조 커플링 반응

의약품

현대 화학이 발달하기 전에는 의약품도 염료와 마찬가지로 동식물을 원료로 사용했습니다. 이렇게 자연 원료로 만든 의약품을 천연 의약품이라고 합니다. 진통과 해열에 효과가 있는 버드나무 껍질이 대표적이죠. 단, 버드나무 껍질은 심한 복통을 유발해 섣불리 사용하기가 어려웠습니다.

버드나무 껍질이 진통과 해열 작용을 했던 것은 살리실산(Salicylic acid)이라는 성분 때문이었는데요, 1897년 독일의 화학자 펠릭스 호프만(Felix Hoffmann)이 살리실산을 화학적으로 합성하는 데 성공합니다. 이렇게 탄생한 합성 의약품이 현재까지도 꾸준히 판매되고 있는 아스피린(Aspirin)입니다. 그리고 1942년, 하버드 대학의 로버트 우드워드(Robert Burns Woodward)가 말라리아 예방에 효과가 있는 퀴닌 합성에 성공하면서 합성 의약품 산업은 더욱더 발전합니다. 참고로 우리가 '타이레놀'이라 부르는 진통제인 아세트아미노펜(Acetaminophen) 역시 원유를 기반으로 하는 합성 의약품입니다.

벤젠 + 프로필렌 → 페놀 + 이산화탄소 + 가성소다 → 아스피린
↑ ↑
큐멘 공정 고온·고압, 황산 촉매

벤젠 + 프로필렌 → 페놀 + 질산 → 니트로페놀 →
↑ ↑
큐멘 공정 수소 첨가

아미노페놀 + 무수 초산 → 타이레놀

계면활성제

과거에는 동물의 기름과 잿물*을 세제로 사용했습니다. 하지만 이러한 천연 세제는 만들기가 어려울뿐더러 대량 생산이 불가능하다는 단점이 있었죠. 그러다 1930년대에 계면활성제를 이용한 가정용 합성 세제가 등장하면서 세탁이 쉬워집니다. 물을 좋아하는(물에 잘 녹는) 성질을 친수성, 물을 싫어하는(물에 잘 녹지 않는) 성질을 소수성이라고 하는데요, 계면활성제는 친수성과 소수성을 모두 가지고 있습니다. 물에 세제를 넣으면 소수성 부분이 옷에 있는 기름때를 감싸, 옷에서 때가 떨어지는 원리를 이용한 것입니다.

---

* 목재를 태워서 만든 재(Wood ash)를 우려낸 알칼리성 물을 말합니다.

세정력, 살균력이 뛰어난 계면활성제는 세제, 비누, 샴푸뿐 아니라 식품, 의약품, 농약 등 다양한 분야에서 널리 쓰이고 있습니다. 가정용 세제에 쓰이는 계면활성제는 대부분 식물성 오일을 원료로 하지만, 공업용 계면활성제는 원유로 만듭니다.

벤젠 + 올레핀 → 알킬벤젠 + 황산 →
      ↑   ↑
    알킬화 반응   술폰화 반응

알킬벤젠술폰산 + 가성소다 → 음이온계 계면활성제
        ↑
      중화 반응

화장품

원유의 잔여물을 탈색·정제하면 백색 또는 황색의 젤리 형태를 띠는 물질이 만들어지는데, 이것이 바로 바셀린(Vaseline)입니다. 바셀린은 보습 효과가 좋아 화장품의 기초 재료로 널리 사용됩니다.

유기 알코올인 프로필렌글리콜(Propylene glycol, PG)도 스킨케어 제품, 메이크업 제품, 헤어 제품 등에서 보습제나 용제로 많이 사용됩니다.

프로필렌 → 프로필렌옥사이드(PO) → 프로필렌글리콜(PG)

    ↑   ↑

    산화   수첨 반응

화장품에는 계면활성제, 증점제, 방부제, 산화방지제가 들어갑니다. 계면활성제는 세정 작용과 물과 기름을 섞어주는 유화 작용을 하고, 증점제는 액상 제품의 점도를 증가시켜 발림성을 개선하죠. 또, 방부제나 산화방지제는 화장품의 변질을 막아줍니다. 증점제와 방부제, 산화방지제는 모두 프로필렌을 기반으로 만듭니다.

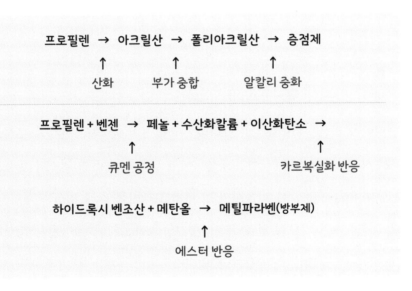

프로필렌+벤젠 → 페놀 → 메톡시페놀+부틸알콜 →
　　　　　　↑　　　↑　　　　　　　　　↑
　　　　큐멘 공정　변성　　　　　　알킬화 반응

부틸하이드록시아니솔(산화방지제)

비료

식물의 성장에 가장 중요한 영양소를 꼽으라면 단연 질소입니다. 대부분의 식물은 토양에서 질소를 얻는데, 비옥한 토지가 아니라면 충분한 양의 질소를 얻기가 어렵습니다. 좋은 토지는 한정되어 있기에 인류는 항상 식량 부족에 시달려야만 했죠. 하지만 20세기 초, 질소 비료가 등장하며 곡물의 생산량이 기하급수적으로 늘어납니다. 이 질소 비료 역시 원유의 부산물입니다.[*] 석유화학의 수증기 개질 공정[**]에서 나오는 수소를 질소와 반응시키면 암모니아(Ammonia)가 만들어지고, 이 암모니아를 각각 질산과 황산으로 반응시키면 질소 비료의 원료인 질산암모늄(Ammonium nitrate)과 황산암모늄(Ammonium sulfate)을 얻을 수 있습니다.

---

[*]　지금은 대부분 천연가스의 메탄으로 만듭니다.
[**]　탄화수소를 수증기와 반응시켜 수소 및 일산화탄소를 만드는 공정입니다.

메탄 → 수소 + 질소 → 암모니아 → 질산암모늄 or 황산암모늄
　　　↑　　　　　　↑　　　　　　↑
수증기 개질　　　고온·고압　　질산 or 황산
　　　　　　　　　반응　　　　반응

한 가지 흥미로운 사실은 암모니아는 폭탄의 원료로도 쓸 수 있다는 것입니다. 암모니아를 산화하면 질산이 만들어지고, 질산을 글리세린(Glycerin)과 반응시키면 니트로글리세린(Nitroglycerin) 폭약을 만들 수 있습니다. 이를 규조토(Diatomite)에 흡수시키면 다이너마이트가 됩니다.

메탄 → 수소 + 질소 → 암모니아 → 질산 + 글리세린 →
　　　↑　　　　　　↑　　　　　　↑
수증기 개질　　고온·고압 반응　산화 반응

니트로글리세린 + 규조토 → 다이너마이트
　　　　　　　↑
　　　　　흡착 반응

이렇듯 비료와 폭약은 종이 한 장 차이라고도 할 수 있습니다. 전쟁이 일어나면 비료 공장이 폭탄 공장으로 바뀌는 것도 이런 이유 때문이죠.

기타

정밀화학은 분야가 매우 넓습니다. 몇 가지만 더 소개해드리겠습니다.

흑색 분말의 카본블랙(Carbon black, CB)은 타이어 등의 보강재 또는 착색제로 쓰입니다. 원유의 중질유를 불완전 연소시켜 카본블랙을 얻습니다.

솔벤트(Solvent)는 특정 물질을 녹이기 위해 사용하는 액체로 페인트, 잉크, 접착제 등을 만들 때 약방의 감초처럼 꼭 들어갑니다. 초산은 자연 발효된 초산(식초)과 합성 초산(Glacial acetic acid, 빙초산)으로 구분되는데 합성 초산은 TPA, VAc, 초산에틸, 초산셀룰로오스 등의 제조에 사용됩니다. 솔벤트와 합성 초산 모두 원유의 부산물을 이용해 만듭니다.

마지막으로 다양한 산업에서 쓰이는 알코올, 설탕보다 300배 강한 단맛을 내는 인공감미료 사카린, 식품의 향을 더하는 합성착향료 모두 원유를 기반으로 생산합니다.

여섯 가지 기초 유분이 어떤 제품으로 연결되는지, 그 과정에서 중요한 중간 원료는 무엇인지 알아보겠습니다.

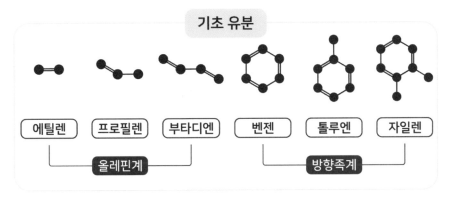

| 그림 6-41. 합성 제품의 핵심 원료가 되는 6가지 기초 유분 |

1. 에틸렌

① 범용 플라스틱

5대 범용 플라스틱 중 3개를 에틸렌으로 만듭니다. 먼저, '산업의 쌀'로 불리는 폴리에틸렌(PE)이 있습니다. PE는 밀도에 따라 다시 고밀도 폴리에틸렌(HDPE)과 저밀도 폴리에틸렌(LPDE), 선형 저밀도 폴리에틸렌(LLPDE)으로 나뉩니다.

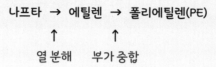

나프타 → 에틸렌 → 폴리에틸렌(PE)
↑ ↑
열 분해 부가 중합

'비닐의 대명사'로 불리는 폴리염화비닐(PVC)도 에틸렌으로 만듭니다. 이때, 중간 원료인 이염화에틸렌(EDC)과 염화비닐(VCM)도 꼭 기억해두세요.

에틸렌 + 염소 → EDC → VCM → 폴리염화비닐(PVC)
↑ ↑ ↑
부가 탈염산 부가
반응 반응 중합

대표적인 단열 플라스틱인 폴리스티렌(PS) 역시 에틸렌으로 만드는데요, 중간 원료인 스티렌(SM)까지 알아두면 좋습니다.

에틸렌 + 벤젠 → 에틸벤젠(EB) → 스티렌(SM) → 폴리스티렌(PS)
↑ ↑ ↑
부가 탈수소 부가
반응 반응 중합

② 기타 합성 제품

합성 수지 중, 초산 비닐 수지(PVAc)를 에틸렌으로 만듭니다.

에틸렌 + 초산 → VAc → 초산 비닐 수지(PVAc)

　　　↑　　　　 ↑

　　　산화 반응　부가 중합

페트병과 폴리에스터 섬유의 원료가 되는 PET 수지를 비롯해 다양한 제품의 중간 원료로 쓰이는 에틸렌옥사이드(EO)와 에틸렌글리콜(EG)도 함께 알아두세요.

에틸렌 → 에틸렌옥사이드(EO) + 물 → 에틸렌글리콜(EG)

　↑　　　　　　　　　　　↑

　산화　　　　　　　　수화 공정

2. 프로필렌

① 범용 플라스틱

5대 범용 플라스틱 중 2개를 프로필렌으로 만듭니다. 먼저, 환경 호르몬이 거의 검출되지 않고, 연소 시에 유해 물질이 발생하지 않아 다양한 제품에 널리 활용되는 폴리프로필렌(PP)이 있습니다.

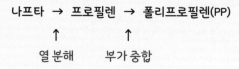

나프타 → 프로필렌 → 폴리프로필렌(PP)
         ↑   ↑
      열 분해   부가 중합

아크릴 유리로도 불리는 폴리메틸메타크릴레이트(PMMA)와 고흡습성 수지(SAP) 같은 아크릴 수지도 프로필렌으로 만들죠.

프로필렌 → 아클로레인 중간체 → AA → 아크릴(Acryl)
   ↑   ↑   ↑
  산화   산화 에스테르화 반응
                              및 부가 중합

② 엔지니어링 플라스틱

프로필렌으로는 엔지니어링 플라스틱도 만들 수 있습니다. 전자기기와 가전제품의 외장재로 널리 쓰이는 폴리카보네이트(PC)는 프로필렌으로 만듭니다.

프로필렌 + 벤젠 → 큐멘 → 페놀 + 아세톤 →
          ↑   ↑   ↑
        부가 반응 큐멘 반응   축합 반응

BPA + 포스겐 → 폴리카보네이트(PC)
        ↑
     축합 중합

아크릴로니트릴부타디엔스티엔(ABS)의 시작도 프로필렌이죠. 중간 원료인 아크릴로니트릴(AN)이 눈에 띄네요.

프로필렌 → AN + BD + SM → 아크릴로니트릴부타디엔스티렌(ABS)
　　　　　　↑　　　　　↑
　　　암모니아 존재 하 산화　　삼원공중합

가성비 좋은 엔지니어링 플라스틱인 폴리페닐렌옥사이드(PPO) 또한 프로필렌을 기반으로 합니다.

프로필렌 + 벤젠 → 페놀 + 메탄올 → 2,6-크실레놀 →
　　　　　↑　　　　　　　　　↑
　　　　큐멘 공정　　　　　　　산화 커플링 중합
폴리페닐렌옥사이드 수지(PPO) + HIPS → MPPO(변성 PPO)
　　　　　　　　　　↑
　　　　　　　　블렌딩

③ 중요한 합성 수지

다양한 분야에서 쓰이는 에폭시 수지도 프로필렌으로 만듭니다. 중간 원료인 ECH도 중요하니 같이 기억하세요.

프로필렌 + 염소 가스 → 염화 알릴 → ECH + BPA → 에폭시(Epoxy)
         ↑   ↑   ↑
      치환 반응   산화 반응   치환 반응

PS와 함께 대표적인 단열 플라스틱으로 꼽히는 폴리우레탄(PU) 수지에
도 프로필렌이 들어갑니다.

(프로필렌 + 염소/물) or (프로필렌 + 과초산 or 에틸벤젠 과산화물) →
                                                              ↑
                                                            산화
프로필렌옥사이드(PO) → PG or PPG → 연질 폴리우레탄
              ↑   ↑
          수화or중합   TDI 중합

───

(프로필렌 + 염소/물) or (프로필렌 + 과초산 or 에틸벤젠 과산화물) →
                                                              ↑
                                                            산화
프로필렌옥사이드(PO) → PG or PPG → 경질 폴리우레탄
              ↑   ↑
          수화or중합   MDI 중합

프로필렌 → 프로필렌옥사이드(PO) → 프로필렌글리콜(PG)로 이어지는
프로세스도 함께 알아두세요.

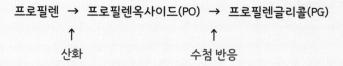

프로필렌 → 프로필렌옥사이드(PO) → 프로필렌글리콜(PG)

산화   수첨 반응

이 외에 아크릴 섬유와 화장품에 들어가는 증점제, 방부제, 산화방지제 등도 모두 프로필렌으로 만듭니다.

프로필렌 + 암모니아 + 산소 → AN → PAN → 아크릴 섬유

암모니아 부가 건식 or 습식
산화 공정 중합 방사 및 연신

프로필렌 → 아크릴산 → 폴리아크릴산 → 증점제

산화   부가 중합   알칼리 중화

우리가 사용하는 대부분의 플라스틱 제품들은 에틸렌과 프로필렌을 기반으로 합니다. 에틸렌은 범용 플라스틱 제품, 프로필렌은 범용과 더불어 좀 더 다양한 플라스틱 제품에 쓰이는 것을 알 수 있습니다.

3. 부타디엔

① 합성 고무

부타디엔(BD)은 합성 고무 및 라텍스 산업의 핵심 재료로 쓰입니다.

스티렌(SM)과 부타디엔을 부가 반응하면 스티렌부타디엔 고무(SBR)와 SB 라텍스를 만들 수 있습니다.

스티렌 + 부타디엔 → SBR 및 SB 라텍스

↑

에멀전 부가 반응

또, 중간 원료인 아크릴로니트릴(AN)과 부타디엔을 부가 반응해 니트릴 부타디엔 고무(NBR)와 NB 라텍스를 얻을 수 있죠.

아크릴로니트릴 + 부타디엔 → NBR 및 NB 라텍스

↑

에멀전 부가 중합

이 외에 부타디엔 고무(BR)와 클로로프렌 고무(CR)도 모두 부타디엔으로 만듭니다.

부타디엔 → 부타디엔 고무(BR)
↑
용액 부가 중합

부타디엔 → 클로로프렌 → 클로로프렌 고무(CR)
↑　　　　　↑
염소화 반응　에멀전 부가 중합

4. 벤젠

벤젠은 방향족 탄화수소인 벤젠(B), 톨루엔(T), 자일렌(X) 중에 가장 부가가치가 높습니다.

① 합성 섬유

벤젠은 나일론을 만드는 핵심 원료입니다. 벤젠의 부가가치가 높은 이유가 바로 여기에 있습니다. Nylon 6의 중요한 중간 원료는 카프로락탐(CPLM)이니 함께 알아두세요.

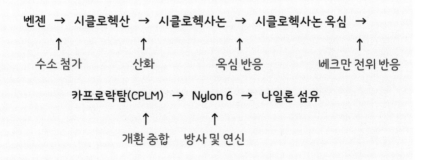

벤젠 → 시클로헥산 → 시클로헥사논 → 시클로헥사논 옥심 →
↑　　　　　↑　　　　　↑　　　　　　↑
수소 첨가　　산화　　옥심 반응　　베크만 전위 반응

카프로락탐(CPLM) → Nylon 6 → 나일론 섬유
↑　　　　　↑
개환 중합　방사 및 연신

② 합성 수지

책에서 다룬 슈퍼 엔지니어링 플라스틱 중 PTFE를 제외한 나머지 6개를 모두 벤젠으로 만듭니다. 또, 불포화 폴리에스터 수지와 페놀 수지를 만들 때도 벤젠이 필요합니다.

벤젠 or 부탄 → MA + EG or PG → 불포화 폴리에스터(UP)
↑ ↑
산화 에스테르화 반응

벤젠 + 프로필렌 → 큐멘 → 페놀 + 포름알데히드 → 페놀 수지
↑ ↑ ↑
부가 산화 및 축합
반응 열 분해 반응

③ 정밀 화학

정밀화학 제품인 염료와 합성 의약품도 벤젠을 기반으로 합니다. '약방의 감초'란 말처럼 다양한 분야에서 쓰이는 걸 알 수 있습니다.

벤젠 + 질산 → 니트로벤젠 → 아닐린 → 아조계 염료
↑ ↑ ↑
니트로화 반응 수소 첨가 아조 커플링 반응

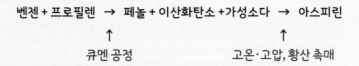

벤젠 + 프로필렌 → 페놀 + 이산화탄소 + 가성소다 → 아스피린
       ↑   ↑
   큐멘 공정   고온·고압, 황산 촉매

벤젠 + 프로필렌 → 페놀 + 질산 → 니트로페놀 →
      ↑   ↑
   큐멘 공정   수소 첨가

아미노페놀 + 무수 초산 → 타이레놀

5. 톨루엔

톨루엔으로는 톨루엔디이소시아네이트(TDI)를 만들 수 있습니다. TDI는 연질 폴리우레탄(PU)을 만드는 데 활용됩니다. 이 외에도 범용 솔벤트, 벤조산, TNT 화약, 향료와 사카린을 제조하는 데 쓰입니다.

(프로필렌 + 염소/물) or (프로필렌 + 과초산 or 에틸벤젠 과산화물) →
                                               ↑
                                           산화
프로필렌옥사이드(PO) → PG or PPG → 연질 폴리우레탄
          ↑   ↑
      수화or중합   TDI 중합

6. 자일렌

C$_8$ 유분인 자일렌에는 오쏘자일렌(OX), 파라자일렌(PX), 메타자일렌(MX)이 혼합되어 있습니다. 이를 분리·정제한 후, 각각의 용도에 맞게 사용합니다.

① 오쏘자일렌

OX로는 정밀화학 산업에서 중요하게 쓰이는 중간 원료인 무수프탈산(PA)을 만들 수 있습니다. PA는 플라스틱을 부드럽게 만드는 가소제의 주요 원료로 사용됩니다.

② 파라자일렌

PX는 자일렌 중 부가가치가 가장 높습니다. PET를 만드는 데 필요한 테레프탈산(TPA)의 원료가 되기 때문입니다(TPA 공법).

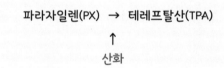

③ 메타자일렌

MX로는 이소프탈산(PIA)을 만들 수 있는데, 다른 자일렌에 비해 용도가 제한적입니다. 슈퍼 섬유인 메타아라미드의 원료로도 쓰입니다.

메타자일렌 → 이소프탈산 + 메타-페닐렌디아민 → 메타아라미드 수지 → 노멕스 섬유
    ↑   (IPA)   ↑   ↑
  산화   축합 중합   방사

1. NCC와 ECC

기초 유분을 생산하는 시설은 원유의 나프타를 기반으로 하는 NCC와 천연가스의 에탄을 기반으로 하는 ECC로 나눌 수 있습니다.

NCC(Naphtha cracking center)는 나프타를 기반으로 에틸렌, 프로필렌, B.T.X. 등의 다양한 기초 유분을 생산하는 시설입니다. 우리나라를 비롯해 여러 아시아 국가에서 운영하고 있습니다. 나프타는 원유에서 추출되므로 NCC를 활용한 공정들은 유가의 영향을 받습니다.

ECC(Ethane cracking center)는 에탄을 원료로 하여 기초 유분을 생산하는 시설입니다. ECC에서 생산하는 기초 유분은 에틸렌에 집중되어 있으며, 주로 중동과 북미 지역에서 운영하고 있습니다. 과거에는 천연가스 가격이 나프타 가격보다 비싸서 NCC가 경쟁력이 있었지만, 미국에서 셰일 혁명이 발생한 이후 천연가스의 가격이 낮아져 ECC의 경쟁력이 높아졌습니다.

	NCC	ECC
기초 유분	나프타(원유)	에탄(천연가스)
생산되는 유분	모든 유분	모든 유분(하지만 상당량이 에틸렌)
장점	다양한 유분을 생산할 수 있다.	천연가스 가격이 나프타 가격보다 저렴할 때가 많다.
단점	고유가에 대응하기가 어렵다.	생산되는 유분이 에틸렌에 편중되어 있다.

| 표 6-1. NCC와 ECC의 장단점 비교 |

2. 플라스틱의 역사

① 합성 수지의 탄생

합성 수지가 등장하기 전에는 식물이나 벌레 등에서 나오는 자연 유출물이 고형화된 천연 수지를 사용했습니다. 깍지벌레의 분비물을 굳힌 셸락(Shellac)이나 꿀벌이 벌집을 만들기 위해 분비하는 물질인 밀랍 등이 대표적이죠. 그렇다면 합성 수지는 언제 처음 개발되었을까요?

1846년, 독일의 화학자 크리스티안 쉔바인(Christian Friedrich Schonbein)은 집에서 실험을 하던 도중, 황산과 질산 혼합물을 바닥에 쏟습니다. 마침 면으로 된 앞치마가 있어 쏟아진 혼합물을 닦았는데, 앞치마에 불이 붙는 현상을 목격합니다. 면 속에 있는 천연 고분자인 셀룰로오스(Cellulose)가 질산의 영향으로 나이트레이트(Nitrate)로 변한 것입니다. 폭발성이 강하고 탄성이 큰 셀룰로오스 나이트레이트는 이렇게 우연한 계기로 탄생합니다.

1863년, 한 사업가가 『뉴욕타임즈』에 코끼리의 상아를 대체할 수 있는 재료를 개발하는 사람에게 1만 달러의 상금을 주겠다는 내용의 광고를 게재합니다. 당시 미국과 유럽에서는 코끼리 상아를 이용해 당구공을 만들었는데,

상아 1개를 다 써도 고작 3개의 당구공밖에 만들 수가 없었습니다. 당구공 외에도 피아노 건반이나 머리빗 등 다양한 물건에 코끼리 상아가 사용되다 보니 수많은 코끼리가 희생되었던 것은 물론, 항상 재료 부족에 시달려야 했습니다. 이런 이유로 코끼리 상아를 대체할 재료를 찾고자 한 것이었죠.

1만 달러를 받기 위해 많은 사람들이 도전했고, 마침내 존 하이어트(John Wesley Hyatt)라는 미국인이 셀룰로오스 나이트레이트를 활용해 상아를 대체할 수 있는 플라스틱을 만듭니다. 이 플라스틱은 '셀룰로이드'라는 상품명을 달고 안경테, 피아노 건반, 만년필, 카메라 필름, 주사위, 단추 등 다양한 제품에 사용됩니다. 하지만 정작 당구공에는 쓰이지 못합니다. 폭발성이 큰 셀룰로오스 나이트레이트로 당구공을 만들면 당구공끼리 부딪히면서 폭발이 일어났기 때문입니다. 셀룰로오스 나이트레이트가 상아를 대체하긴 했지만, 천연 고분자인 셀룰로오스를 개질해서 만든 것이므로 최초의 플라스틱이라고 보기는 어렵습니다.

1909년, 벨기에의 화학자 레오 베이클랜드(Leo Hendrik Bakeland)가 페놀을 포름알데히드로 굳힌 100% 합성 플라스틱인 페놀 수지(상품명 베이클라이트)를 만듭니다. 최초의 합성 플라스틱이자 열경화성 수지인 페놀 수지는 전기·전자 제품의 외장재로 널리 쓰이며, 다양한 분야에서 천연 수지를 빠른 속도로 대체해나갑니다.

② 학문과 함께 발전하는 합성 수지
당시 플라스틱은 정확한 이론에 의해 개발되는 것이 아니라, 시행착오 끝

에 만들어지는 경우가 많았습니다. 이 같은 분위기는 1922년, 독일의 화학자 헤르만 슈타우딩거(Hermann Staudinger)[*]가 '플라스틱은 수많은 선형 사슬 구조로 이루어진 고분자 유기 물질'이라는 개념을 정립하면서 바뀝니다. 플라스틱 개발의 이론적 토대가 만들어지자 수많은 화학자들이 다양한 합성 제품을 쏟아냅니다.

1927년에는 셀룰로오스를 나이트레이트가 아닌 아세테이트(Acetate)로 변성한 셀룰로오스 아세테이트가 개발됩니다. 이 셀룰로오스 아세테이트가 바로 아세테이트 섬유입니다. 또, 같은 해 폴리염화비닐(PVC)이 개발되며 상하수도의 파이프들이 PVC로 바뀝니다.

1929년에는 우레아를 포름알데히드와 반응시킨 열경화성 수지인 우레아 수지가 등장하며 나무 장식장을 대체하였고, 1930년에는 폴리스티렌(PS)이 개발되며 다양한 폼(Foam) 제품이 단열재로 사용되죠.

1935년에는 월리스 캐러더스(Wallace Carathers)가 Nylon 66을 최초로 합성합니다. 캐러더스는 나일론뿐 아니라 합성 고무인 네오프렌도 개발하였으며, 중요한 고분자인 폴리에스터 연구에도 상당한 기여를 합니다.

1936년에는 아크릴 섬유라고도 불리는 PAN 섬유가 나옵니다. PAN 섬유는 스웨터의 재료이던 천연 울을 대체하였고, 우수한 난연성을 바탕으로 카펫, 커튼 등 집에서 쓰이는 다양한 제품에도 활용됩니다. 같은 해 추잉껌의

---

[*] 훗날 고분자의 아버지로 불리었고, 1953년에 노벨화학상을 수상합니다.

원료로 사용되는 폴리비닐아세테이트(PVAc)도 개발됩니다.

1937년에는 독일의 화학자인 오토 베이어(Otto Bayer)가 폴리우레탄(PU)을 개발합니다. PU는 폼을 만들 수도 있고, 탄성을 이용해 섬유로도 만들 수 있는데요, PU를 이용한 섬유가 바로 스판덱스입니다.

1938년에는 카프로락탐(CPLM)이 개발되면서 Nylon 6가 등장합니다. 또 같은 해 에폭시 수지와 '테프론'이라는 상품명으로 더 유명한 폴리테트라플루오로에틸렌(PTFE)도 개발되죠.

1939년에는 멜라민과 포름알데히드를 반응시킨 열경화성 수지인 멜라민 수지가 등장합니다. 멜라민 수지는 페놀 수지와 우레아 수지보다 내열성이 우수해 다양한 분야에서 쓰입니다.

1941년에는 폴리에스터(PET) 수지가, 1948년에는 아크릴로니트릴(AN)과 부타디엔(BD), 스티렌(SM)을 공중합한 아크릴로니트릴부타디엔스티렌(ABS)이 개발됩니다. 내충격성이 강한 ABS는 1953년 개발된 폴리카보네이트(PC)와 함께 다양한 제품의 외장재로 폭넓게 쓰입니다.

③ 지글러-나타 촉매의 등장

1950년대 이전에는 폴리에틸렌(PE)과 폴리프로필렌(PP)을 매우 어렵게 만들었습니다. 중합을 위해서는 무려 1000~3000 기압에 이르는 압력이 필요하다 보니 폭발이 자주 일어났고, 비용도 많이 들어 대량 생산이 거의 불가능했죠. 그러다 1952년, 독일의 화학자 칼 지글러(Karl Ziegler)가 티타늄 촉매와 알킬-알루미늄 공촉매를 개발하면서 전보다 낮은 압력과 온도에서 에틸렌

| 그림 6-42. 칼 지글러(좌)와 줄리오 나타(우) |

을 중합할 수 있게 됩니다. 또, 1년 후, 이탈리아의 화학자 줄리오 나타(Giulio Natta)가 지글러 촉매를 활용해 이전보다 훨씬 물성이 좋은 PP를 중합하는 데 성공하죠. 이로써 PE와 PP를 쉽게 만들 수 있게 되었고, 이 공로를 인정받아 둘은 1963년에 노벨 화학상을 수상합니다. 참고로 현재는 지글러-나타 촉매 보다 더 진화한 메탈로센 촉매를 이용해 PE와 PP를 만들고 있습니다.

③ 고부가가치 플라스틱의 등장

1956년, 폴리페닐렌옥사이드(PPO)가 개발되면서 엔지니어링 플라스틱의 개념이 생겨납니다. 1958년에는 폴리아세탈(POM)이 등장하며 플라스틱이 금속과 견줄 만큼 뛰어난 성능을 갖추게 되죠. 1970년대에는 폴리페닐렌설파이드(PPS), 폴리부틸렌테레프탈레이트(PBT), 폴리이미드(PI), 액정고분자 (LCP) 등 슈퍼 엔지니어링 플라스틱이 대거 탄생합니다. 그리고 1979년, 드디어 미국에서 플라스틱의 총 생산량이 철강의 총 생산량을 추월합니다. 플라스틱의 전성시대가 도래한 것이죠.

1980년대 이후부터는 기능성 플라스틱이 등장해 현재까지 발전을 이어가고 있습니다. 생분해성 플라스틱과 섬유 강화 플라스틱(Fiber reinforced plastic) 등이 대표적이죠. 오늘날 플라스틱은 2차 전지 분리막부터 반도체, 디스플레이에 이르기까지 다양한 곳에서 그 역할을 톡톡히 하고 있습니다.

3. 나이롱 환자의 탄생

진짜가 아닌데 진짜인 척하는 사람 앞에 '나이롱'을 붙여 표현하곤 합니다. '나이롱 환자'나 '나이롱 대학생'이 대표적이죠. 그런데 이 표현이 합성 섬유인 나일론에서 유래되었다는 사실, 알고 계신가요?

1953년, 일본산 나이롱(나일론의 일본식 발음) 양말이 국내로 처음 수입됩니다. 일본에서 큰 인기를 얻은 양말이란 말에 많은 사람들이 관심을 갖고 구매하죠. 하지만 나이롱 양말은 이전에 신었던 면 양말보다 흡습력이 약해 땀이 차고 물기가 마르지 않는 등 생각보다 불편한 점이 많았습니다. 자연스레 '면은 진짜, 나일론은 가짜'라는 인식이 생기게 되었죠. 이때부터 겉만 번지르르한 사람을 일컬을 때 '나이롱'이라는 표현을 사용하기 시작합니다.

4. 타이어의 핵심, 타이어 코드

초기의 타이어는 고무로만 만들었습니다. 그러다 보니 내구성이 떨어지고, 쉽게 변형되어 수명이 짧았죠. 그래서 등장한 것이 바로 타이어 코드(Tire cord)입니다. 타이어 코드란 타이어의 안전성과 내구성을 높이기 위해 고무 내부에 넣는 보강재를 말합니다. 초기에는 면을 사용했지만, 1940년대에 나일론으로 바뀌면서 타이어의 성능이 크게 향상되었습니다. 현재는 나일론이나 폴리에스터를 주로 사용하며, 고급 타이어나 고성능 타이어에는 '슈퍼 섬유'로 불리는 아라미드를 넣기도 합니다.

5. 자동차 부동액의 원료인 EG

엔진에서는 열이 많이 발생합니다. 그래서 항상 열을 식혀줘야 하죠. 오토바이는 엔진이 작아 바람으로도 열이 식지만, 자동차는 엔진이 크기 때문에 물이 필요합니다. 문제는 물의 녹는점이 0℃여서 겨울에는 사용이 어렵다는 것입니다. 이런 이유로 초기에는 알코올을 넣어 물이 얼지 않도록 했습니다. 그런데 알코올은 끓는점이 낮아 여름에는 증발이 되어 버렸죠. 이 문제를 해결한 것이 바로 에틸렌글리콜(EG)입니다. 물에 EG를 섞으면 어는점이 내려가 겨울에도 얼지 않고, 끓는점이 올라가 여름에도 증발하지 않습니다.

또한, 부동액으로 쓰이는 EG를 TPA와 축합 중합하면 PET 수지를 만들 수도 있습니다. 에틸렌 → 에틸렌옥사이드(EO) → 에틸렌글리콜(EG)로 이어지는 프로세스가 왜 중요한지 아시겠죠?

비슷한 프로세스로는 프로필렌 → 프로필렌옥사이드(PO) → 프로필렌글리콜(PG) 혹은 폴리프로필렌글리콜(PPG)이 있습니다. PG는 화장품의 보습제나 용제로 사용되고. PPG는 폴리우레탄(PU)을 만드는 원료로 쓰입니다.

석유화학 기업 정리
&
나아가는 방향

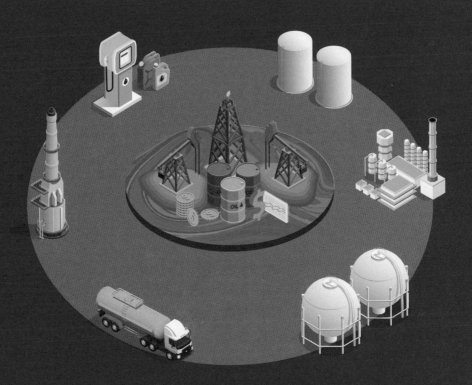

한국에는 수많은 석유화학 기업이 있습니다. 기초 유분부터 합성 수지, 합성 섬유, 합성 고무와 정밀화학까지 각자의 분야에서 최고 수준의 경쟁력을 자랑하죠. 이번 파트에서는 분야별 대표 기업들을 자세히 알아봅니다.[*]

---

[*] 본문에 나오는 수치는 2023년 반기 기준입니다.

분야별
대표 기업

기초 유분

1. 기초 유분 생산능력

기초 유분은 NCC를 보유한 기업들이 주로 생산합니다. 한국에서 NCC를 보유한 기업은 LG화학, 롯데케미칼, 여천 NCC, 한화토탈, SK지오센트릭 (구 SK종합화학), 대한유화 6곳입니다.

국내 기업의 에틸렌 생산능력은 그림 7-1과 같습니다. 앞서 정유 기업들이 석유화학 분야로 진출하고 있다고 말씀드렸는데요, 6위에 HD현대오일

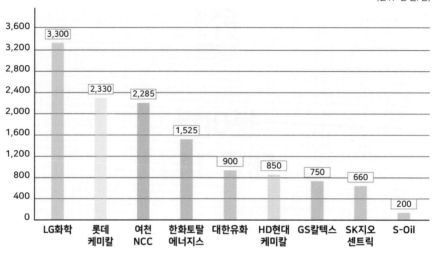

| 그림 7-1. 국내 기업별 에틸렌 생산능력 |

뱅크와 롯데케미칼의 합작사인 HD현대케미칼, 7위에 GS칼텍스, 9위에 에스오일이 올라와 있는 것이 눈에 띄네요. 정유 기업들은 NCC를 보유하고 있지는 않지만, 정유 공정 과정에서 부산물로 에틸렌을 얻습니다. 또, 최근에는 크래킹 센터에도 많은 투자를 하고 있습니다. 나프타를 주 원료로 하는 석유화학 기업의 NCC와 달리 정유 기업의 크래킹 센터는 다양한 원료를 바탕으로 올레핀을 생산하는 것을 목표로 합니다. 그래서 이름도 NCC가 아닌 MFC(Mixed feed cracker)라고 부릅니다.

국내 기업의 프로필렌 생산능력은 그림 7-2와 같습니다. 프로필렌 역시 정유 기업의 약진이 눈에 띄네요. 참고로 효성화학은 나프타 기반이 아닌 프로판을 고온에서 백금촉매로 탈수소 반응시켜 프로필렌을 만드는 공정(일명 PDH)을 채택하고 있습니다.

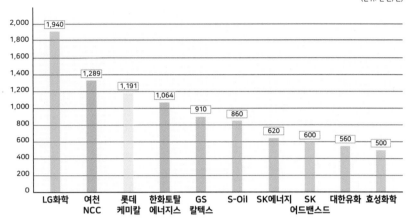

| 그림 7-2. 국내 기업별 프로필렌 생산능력 |

국내 기업의 부타디엔 생산능력은 그림 7-3과 같습니다. 8위에 랭크된 롯데GS화학은 롯데케미칼과 GS에너지의 합작사인데요, 이렇게 정유 기업과 석유화학 기업이 함께 사업을 진행하는 사례가 갈수록 늘고 있습니다.

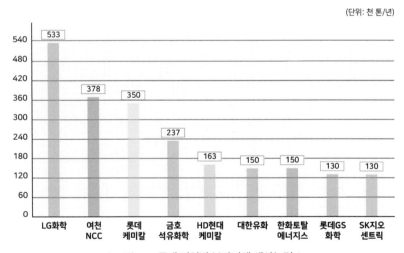

| 그림 7-3. 국내 기업별 부타디엔 생산능력 |

국내 기업의 벤젠 생산능력은 그림 7-4와 같습니다.

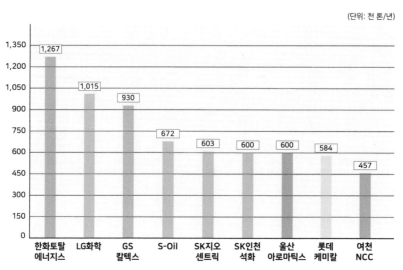

| 그림 7-4. 국내 기업별 벤젠 생산능력 |

국내 기업의 톨루엔 생산능력은 그림 7-5와 같습니다.

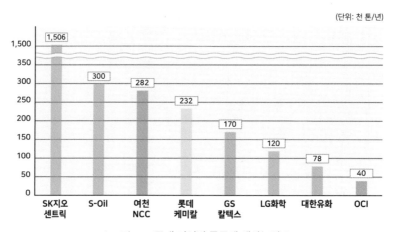

| 그림 7-5. 국내 기업별 톨루엔 생산능력 |

국내 기업의 자일렌 생산능력은 그림 7-6과 같습니다.

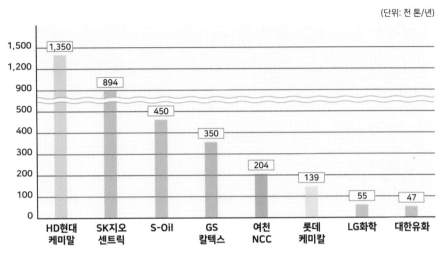

(단위: 천 톤/년)

| 그림 7-6. 국내 기업별 자일렌 생산능력 |

에틸렌, 프로필렌, 부타디엔에서는 전통의 강자인 LG화학, 롯데케미칼, 여천 NCC의 경쟁력이 돋보이고, 벤젠, 톨루엔, 자일렌으로 갈수록 정유 기업의 약진이 두드러지는 것을 볼 수 있습니다.

2. 살펴볼 기업

① LG화학

1947년 설립된 한국 최대의 종합 화학 기업입니다. 석유화학(76%), 첨단소재(13%), 생명과학(5%) 사업을 영위하고 있으며, 자회사인 LG에너지솔루션을 통해 배터리(EV/ESS) 사업도 진행 중입니다. 기초 유분 중 에틸렌, 프로필렌, 부타디엔에서 압도적인 생산능력을 보유하고 있습니다. 이 외에도 범용 플라스틱인 PE, PP, PVC와 고기능·친환경 플라스틱, 합성 고무, 가소제에 이르기까지 다양한 제품을 생산합니다. ABS의 경우 글로벌 점유율 1위이며, PVC와 LDPE, LLDPE, 가소제도 국내에서 높은 시장 점유율을 자랑합니다. 또한, 나프타-프로필렌-아크릴산(AA)으로 이어지는 일괄 체계를 갖춘 국내 최대의 AA 제조사로 이를 바탕으로 PMMA와 SAP를 생산합니다.

② 롯데케미칼

1976년 설립된 종합 화학 기업입니다. 기초 소재와 첨단 소재 사업을 영위하고 있습니다. 기초 소재 부문에서는 다양한 기초 유분과 중간 원료를 생산하며, 이를 바탕으로 PE와 PP 등을 만듭니다. 첨단 소재 부문에서는 ABS, PC 등을 생산하는데, PC 생산능력 기준, 국내 1위의 기업입니다. 또, 자회사인 롯데정밀화학을 통해 정밀화학 사업도 진행하고 있습니다.

③ 여천 NCC

1999년 DL케미칼과 한화솔루션이 각사의 NCC 부문을 통합해 설립한 종합 화학 기업으로 다양한 기초 유분과 중간 원료를 생산합니다.

④ 한화토탈에너지스

글로벌 정유·석유화학 기업인 토탈에너지스와 한화그룹의 합작사입니다. 정유 사업과 석유화학 사업을 모두 영위하고 있으며, 벤젠과 SM 생산능력 기준, 국내 1위의 기업입니다.

⑤ SK지오센트릭

기초 유화 사업과 화학 소재 사업을 영위하고 있습니다. 기초 유화 부문에서는 기초 유분을 생산하고 이를 바탕으로 합성 수지, 합성 섬유, 합성 고무 등을 만듭니다. 화학 소재 부문에서는 기초 유분을 원료로 하여 고기능성 포장재 소재, 자동차 경량화 소재 등을 생산합니다. 톨루엔 생산능력 기준, 국내 1위의 기업입니다.

⑥ HD현대케미칼

HD현대오일뱅크와 롯데케미칼의 합작사입니다. 2022년, 약 3조 원을 투자해 나프타 기반이 아닌 탈황중질유, 부생 가스, LPG 등을 원료로 석유화학 제품을 생산하는 석유화학 분해시설(HPC)을 완공하였습니다. 자일렌 생산능력 기준, 국내 1위의 기업입니다.

합성 수지
....

1-1. 범용 플라스틱

5대 범용 플라스틱은 폴리에틸렌(PE), 폴리프로필렌(PP), 아크릴 수지, 폴리염화비닐(PVC), 폴리스티렌(PS)입니다.

국내 기업의 LDPE, LLDPE, HDPE 생산능력은 아래와 같습니다.

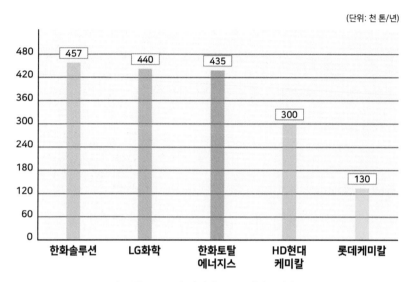

| 그림 7-7. 국내 기업별 LDPE 생산능력 |

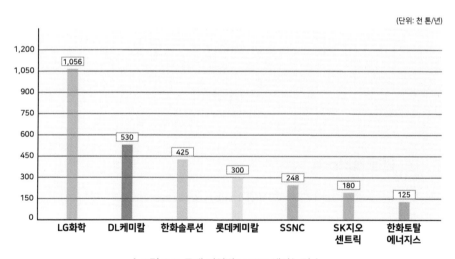

| 그림 7-8. 국내 기업별 LLDPE 생산능력 |

진짜 하루만에 이해하는 정유·석유화학 산업

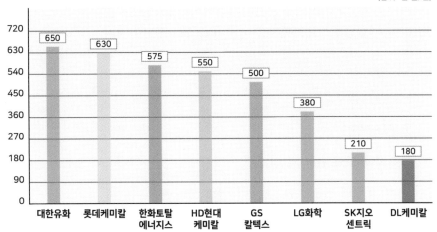

(단위: 천 톤/년)

| 그림 7-9. 국내 기업별 HDPE 생산능력 |

국내 기업의 PP 생산능력은 그림 7-10과 같습니다.

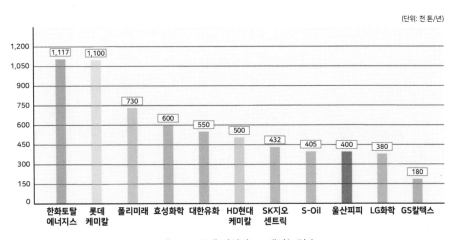

(단위: 천 톤/년)

| 그림 7-10. 국내 기업별 PP 생산능력 |

아크릴 수지는 LG화학, PVC는 LG화학과 한화솔루션, PS는 한국이네오스스티롤루션, 금호석유화학, HDC현대EP 등이 생산합니다.

1-2. 살펴볼 기업

① 한화솔루션

석유화학 사업(41%)과 신재생 에너지(태양광 셀&모듈) 사업(46%)을 영위하고 있습니다. 책에서는 석유화학 사업만 살펴보겠습니다.

국내 최초로 PVC를 생산하였으며, 에틸렌(여천NCC) → EDC → VCM → PVC로 이어지는 수직 계열화를 통해 경쟁력을 확보하고 있습니다. 이 외에도 LDPE, LLDPE, CA(염소·가성소다), TDI 등의 기초 석유화학 제품을 만듭니다.

2-1. 엔지니어링 플라스틱

대표적인 엔지니어링 플라스틱은 PC, ABS, POM, PET, PBT, PPO입니다. PC는 아래와 같은 큐멘 공정으로 생산합니다.

페놀 + 아세톤 → 비스페놀 A(BPA) + 포스겐 → 폴리카보네이트(PC)
                    ↑   ↑
                 축합 반응   축합 중합

중간 원료인 페놀, 아세톤, BPA는 LG화학, 금호피앤비화학, 삼양이노켐이 생산하며, 최종 제품인 PC는 롯데케미칼, LG화학, 삼양화성이 만듭니다.

ABS는 LG화학, 롯데케미칼, 한국이네오스스티롤루션, 금호석유화학, POM은 코오롱플라스틱, 한국엔지니어링플라스틱 등이 생산합니다.

PET 수지는 아래와 같은 공정으로 만듭니다.

❶ 에틸렌 → 에틸렌옥사이드(EO) + 물 → 에틸렌글리콜(EG)
　　　　　　↑　　　　　　　　　↑
　　　　　　산화　　　　　　　수화 공정

❷ 파라자일렌(PX) → TPA + 메탄올 → DMT
　　　　　　　　↑　　　　　　↑
　　　　　　　　산화　　에스테르화 반응

EG + TPA → PET 완성　　　　　　EG + DMT → PET 완성
　　　↑　　　　　　　　　　　　　　↑
　축합 중합　　　　　　　　　　축합 중합

중간 원료인 EO는 LG화학과 롯데케미칼, EG 및 MEG, DEG, TEG는 LG화학, 롯데케미칼, 대한유화, 한화토탈에너지스가 생산하며, TPA는 롯데케미칼, SK케미칼, 삼남석유화학, 태광산업, 효성화학, DMT는 SK케미칼이 만듭니다.

PET 수지는 코오롱플라스틱과 효성티앤씨가 만듭니다. PET는 합성 수

지 외에도 다양한 형태로 활용되는데요, PET 타이어 코드는 효성첨단소재와 코오롱인더스트리, PET 필름은 SKC, 효성화학, 코오롱인더스트리, PET로 만드는 폴리에스터 섬유는 효성첨단소재와 휴비스가 생산합니다.

PBT는 LG화학, 삼양사, 코오롱플라스틱, PPO는 사빅(Sabic)이 독점 공급합니다.

2-2. 살펴볼 기업

① 코오롱플라스틱

국내 유일의 엔지니어링 플라스틱 전문 기업입니다. POM, PA6/66, PBT를 비롯해 슈퍼 엔지니어링 플라스틱인 PPS와 복합 소재에 이르기까지 다양한 엔지니어링 플라스틱을 생산합니다.

3-1. 슈퍼 엔지니어링 플라스틱

대표적인 슈퍼 엔지니어링 플라스틱으로는 PI, PSU, PEEK, PPS, LCP, PTFE, PAR이 있습니다.

PI 수지 및 필름은 PI첨단소재가 생산하며 글로벌 1위에 랭크되어 있습니다. PSU는 국내 생산 기업이 없고, PEEK도 수입에 의존하고 있습니다. PPS는 SK케미칼이 다년간의 연구 끝에 상업화에 성공하였으며, 이를 HDC현대EP에 매각하였습니다. LCP는 세양폴리머가 생산합니다. PTFE와 PAR은 국내 생산 기업이 없습니다.

3-2. 살펴볼 기업

① PI첨단소재

코오롱인더스트리와 SKC가 합작한 SKC코오롱PI가 전신입니다. 슈퍼 엔지니어링 플라스틱인 폴리이미드 필름(Polyimide, PI)을 생산합니다. 국내 유일의 PI 필름 제조사이며, 세계 시장 점유율 1위를 차지하고 있습니다.

4-1. 중요한 합성 수지

중요한 합성 수지로는 불포화 폴리에스터 수지, 에폭시 수지, 폴리우레탄 수지, 페놀 수지, 석유 수지, 초산 비닐 수지가 있습니다.

불포화 폴리에스터 수지를 생산하는 대표 기업은 애경케미칼입니다. 에폭시 수지의 중간 원료인 ECH는 롯데정밀화학, 최종 제품인 에폭시 수지는 국도화학이 만듭니다. 폴리우레탄 수지는 다음과 같은 방법으로 생산합니다.

(프로필렌 + 염소/물) or (프로필렌 + 과초산 or 에틸벤젠 과산화물) →

산화 ↑

프로필렌옥사이드(PO) → PG or PPG → 연질 폴리우레탄

수화 or 중합 ↑   TDI 중합 ↑

(프로필렌 + 염소/물) or (프로필렌 + 과초산 or 에틸벤젠 과산화물) →

↑
산화

프로필렌옥사이드(PO) → PG or PPG → 경질 폴리우레탄

↑   ↑
수화 or 중합   MDI 중합

중간 원료인 PO와 PG는 SK피아이씨글로벌, PPG는 금호석유화학과 SK피아이씨글로벌, KPX케미칼이 생산합니다. 또 다른 중간 원료인 TDI는 한국바스프와 한화솔루션, MDI는 금호미쓰이화학, 한국바스프가 만듭니다. 최종 제품인 폴리우레탄(PU)은 동성케미칼이 생산합니다.

페놀 수지는 코오롱인더스트리, 석유 수지는 코오롱인더스트리와 한화솔루션이 생산합니다.

4-2 살펴볼 기업

① 국도화학

국내 1위의 에폭시 수지 생산 기업입니다. 매출의 대부분이 에폭시 수지에서 나옵니다.

② SK피아이씨글로벌

국내 최초로 PO를 상업화하였으며, PG와 PPG에서도 경쟁력을 갖춘

SKC가 2020년 화학 사업의 글로벌 확장을 위해 쿠웨이트 국영석유화학 기업인 PIC와 합작해 만든 회사입니다.

③ KPX케미칼

PPG를 생산합니다. 생산능력을 기준으로 국내 선두권에 위치해 있습니다.

5-1. 친환경 플라스틱

대표적인 친환경 플라스틱으로는 PLA, PHA, PBAT, ISB, PO3G가 있습니다.

PLA는 2009년 SKC가 PLA 필름을 상용화하였습니다. PHA는 축적된 미생물 발효 기술을 가지고 있는 CJ제일제당이 친환경 포장 설계 과정에 적용하고 있으며, 롯데케미칼은 석유화학 원료를 사용해 PHA 개발을 진행하고 있습니다.

PBAT은 코오롱인더스트리, SK지오센트릭, LG화학이 상업화를 추진하고 있습니다. ISB는 삼양이노켐이 생산 중이며, PO3G는 SK케미칼이 연구·개발을 진행하고 있습니다.

5-2. 살펴볼 기업

① SK케미칼

화학 사업과 제약·바이오 사업을 영위하며, 화학 사업의 매출 비중이 높습니다. 화학 부문에서는 고부가가치 화학 소재를 생산합니다. 주력 제품으로는 환경 호르몬 물질인 비스페놀A(BPA)를 사용하지 않은 고기능성 코폴리에스터(Copolyester) 수지와 슈퍼 엔지니어링 플라스틱, 접착·코팅용 수지, 코폴리에스터와 PET 및 PBT 등의 합성에 사용되는 DMT가 있습니다. 이 외에 폴리우레탄, 스판덱스와 같이 탄성이 필요한 제품의 원료인 폴리올을 친환경적으로(옥수수 발효) 만든 바이올폴리올(PO3G)이 있습니다.

합성 섬유

1-1. 대표 합성 섬유

대표적인 합성 섬유로는 폴리아마이드(나일론), 폴리에스터(PET 섬유), 아크릴(PAN 섬유), 폴리우레탄(스판덱스)이 있습니다.

나일론 섬유는 효성티앤씨, 나일론 수지는 코오롱플라스틱, 나일론 타이어 코드는 효성첨단소재, Nylon 66의 원료인 카프로락탐(CPLM)은 카프로가 만듭니다.

폴리에스터 섬유는 효성첨단소재와 휴비스 등이 생산합니다. 아크릴 섬유는 아래와 같은 방법으로 만듭니다.

프로필렌 + 암모니아 + 산소 → AN → PAN → 아크릴 섬유
↑   ↑
부가 중합 방사 및 연신

중간 원료인 아크릴로니트릴(AN)은 태광산업과 동서석유화학, 최종 제품인 아크릴 섬유는 태광산업과 한일합섬이 생산합니다.

스판덱스는 효성티앤씨와 태광산업이 생산합니다. 핵심 원료와 최종 제품을 모두 제조하는 효성티앤씨가 글로벌 1위에 랭크되어 있습니다.

1-2. 살펴볼 기업

① 효성티앤씨

스판덱스, 폴리에스터 원사, 나일론 원사를 생산합니다. 스판덱스(상품명 크레오라)의 경우 글로벌 1위에 랭크되어 있습니다.

② 휴비스

SK케미칼과 삼양사가 합작해 만든 합성 섬유 기업으로 폴리에스터 섬유를 주로 생산합니다. 폴리에스터 섬유는 단섬유와 장섬유로 나뉘는데 생산능력 기준으로 국내 단섬유 시장에서 약 52%의 점유율을, 장섬유 시장에서 약 14%의 점유율을 차지하고 있습니다. 이 외에도 슈퍼 섬유인 메타아라미드를 만듭니다.

2-1. 기능성 섬유

대표적인 기능성 섬유로는 PTFE 직물, 아라미드, PVA, 탄소 섬유, PP 섬유가 있습니다.

PTFE와 PVA는 국내 생산 기업이 없습니다. 아라미드는 코오롱인더스트리, 효성첨단소재, 휴비스 등이 생산합니다. 탄소 섬유는 일본 화학 기업 도레이(Toray)의 자회사로 한국에서 활동하는 도레이첨단소재가 세계 1위이며, 국내 기업 중에는 효성첨단소재가 생산합니다. PP 섬유는 큰 시장이 아니라서 대기업보다는 소기업 위주로 생산되고 있습니다.

2-2. 살펴볼 기업

① 효성첨단소재

산업용 섬유(산업용사)를 주로 만듭니다. 전 세계에서 PET와 나일론 원사를 동시에 생산할 수 있는 유일한 기업입니다. PET 원사로 만드는 자동차 안전벨트는 세계 1위에 랭크되어 있으며, PET 타이어 코드 역시 세계 1위입니다.

이 외에도 슈퍼 섬유인 파라아라미드의 원사와 탄소 섬유를 만듭니다. 안전벨트, 에어백, 타이어 코드 등 전반적으로 자동차와 연관된 제품을 생산하고 있어 자동차 경기의 영향을 받습니다.

② 코오롱인더스트리

산업 소재, 화학 소재, 필름·전자 재료, 패션 사업을 영위하고 있습니다. 패션을 제외한 나머지 부문을 알아보겠습니다.

산업 소재 부문에서는 타이어 코드와 산업용 섬유(산업용사), 파라아라미드를 만듭니다. 이중 파라아라미드는 국내 1위에 랭크되어 있습니다. 화학 소재 부문에서는 석유 수지, 페놀 수지, 에폭시 수지 등을 생산하며, 특히 석유 수지는 세계 2위에 랭크되어 있습니다. 필름·전자 재료 부문에서는 다양한 산업군에 적용 가능한 기능성 필름을 생산합니다.

합성 고무

1. 대표 합성 고무

대표적인 합성 고무로는 SBR, NBR, NB라텍스, BR, IIR이 있습니다. 국내에서 합성 고무는 금호석유화학과 LG화학이 생산합니다.

2. 살펴볼 기업

① 금호석유화학

합성 고무(51%), 합성 수지(30%), 정밀화학(4%) 사업을 영위합니다. 합성 고무 부문에서는 SBR, BR, NBR, NB라텍스 등을 생산하며, 이중 NB라텍스는 세계 1위에 랭크되어 있습니다. 합성 수지 부문에서는 PS, ABS, PPG, 정밀화학 부문에서는 노화방지제, 가황촉진제, 페인트 첨가제 등을 만듭니다. 종속 회사인 금호피앤비화학을 통해 페놀과 아세톤, BPA 등도 생산합니다. 국내 합성 고무(SBR, BR) 시장에서 약 60%의 점유율을 차지하고 있습니다.

정밀화학

1. 대표 분야

정밀화학은 분야가 매우 넓습니다. 책에서는 가소제, 염료, 의약품, 계면활성제, 화장품, 비료, 기타 분야로 나눠서 살펴보겠습니다.

- 가소제 : PVC 제조사인 LG화학과 한화솔루션 그리고 애경케미칼이 생산합니다.

- 염료 : 국내에서는 경인양행이 염료를 만듭니다.

- 의약품 : 의약품은 석유화학 기업보다는 제약 기업이 생산합니다.

- 계면활성제 : 이수화학, 미원화학 등이 생산합니다.

- 화장품 : 석유화학 기업보다는 화장품 기업이 만듭니다.

- 비료 : 남해화학 등 비료 기업이 생산합니다.

- 기타 : 카본블랙(CB)을 생산하는 기업으로는 OCI, 오리온엔지니어드카본즈, 콜럼비안케미컬즈가 있습니다. 알코올은 LG화학, 한국알콜산업, 한화솔루션이 생산하며, 초산은 롯데이네오스화학, OCI가 만듭니다.

2. 살펴볼 기업

분야가 넓은 만큼 굉장히 많은 기업들이 있습니다. 책에서 다룬 내용을 중심으로 해당되는 기업들을 우선적으로 선별했습니다.

① 롯데정밀화학

1964년 설립된 정밀화학 회사입니다. 사업 부분은 크게 케미칼(80%)과 그린 소재(20%)로 나뉩니다.

케미칼 부문에서는 에폭시의 원료로 사용되는 ECH, 각종 화학 제품의 기초 원료가 되는 가성소다, 비료의 주 원료인 암모니아, 디젤 엔진에서 배출되는 질소산화물을 줄여주는 요소수, 반도체 현상액의 핵심 원료인 TMAC를 생산합니다. ECH와 요소수는 국내 1위의 사업자이며, 암모니아는 동북아 유통 취급 1위입니다. TMAC 역시 글로벌 점유율 1위에 랭크되어 있습니다.

그린 소재 부문에서는 시멘트 물성 향상제 메셀로스와 페인트 물성 향상제 헤셀로스, 의약용 캡슐 코팅 소재 애니코드, 식품의 질감을 향상시키는 첨가제 애니애디를 생산합니다.

② 애경케미칼

2021년, 애경유화(주)가 계열사인 애경화학과 AK켐텍을 합병해 탄생한 종합 화학 기업입니다. 가소제와 무수프탈산(PA) 등을 생산하며, PA의 경우 국내 1위에 랭크되어 있습니다.

③ 이수스페셜티케미컬

2023년 5월 이수화학에서 인적 분할하였으며, 정밀화학 제품(TDM, NOM/NDM, IPA, Special Solvent 등)을 생산합니다.

TDM은 ABS, SBR, SB 라텍스 등을 중합할 때, NOM과 NDM은 ABS, PMMA 등을 중합할 때 분자량 조절제로 사용됩니다. TDM을 국내에서 유일하게 생산하고 있으며, 세계 3위에 랭크되어 있습니다. IPA는 페인트, 잉크, 세척제, 의약품, 손소독제 등의 원료로, Special Solvent는 잉크, 살충제, 드라이 크리닝 등 다양한 분야에서 쓰입니다.

④ 이수화학

1969년 설립된 세제 원료 생산 기업입니다. 합성 세제의 원료가 되는 연성알킬벤젠(LAB)과 노말파라핀(NP)을 만듭니다. 또한, 세탁 세제로 가장 널리 쓰이는 음이온 계면활성제의 원료인 직쇄알킬벤젠술폰산염(LAS)도 생산합니다.

⑤ 송원산업

본사 및 자회사를 통해 다양한 화학 제품을 생산합니다. 주요 제품 중 폴리머 안정제를 알아두면 좋습니다. 폴리머 안정제는 플라스틱 소재가 열, 냉기, 빛 등에 노출되었을 때 분해되지 않도록 보호하는 제품입니다. 송원산업이 국내 시장의 60% 이상을 점유하고 있으며, 세계 시장에서도 22%의 점유율로 글로벌 2위에 랭크되어 있습니다.

⑥ 경인양행

기능성 화학 소재 전문 기업으로 사업은 크게 염료 부문과 화학 부문으로 나눌 수 있습니다. 염료 부문에서는 섬유 염색에 사용되는 여러 염료를 생산하며, 화학 부문에서는 자회사를 통해 식품 첨가물인 사카린을 생산합니다.

이 외에도 한솔케미칼, OCI, TKG휴켐스 등 다양한 기업들이 있습니다.

석유화학 기업이 나아가는 방향

석유화학 산업은 높은 부가가치를 창출합니다. 그러나 정유 기업과 마찬 가지로 석유화학 기업들도 대외 여건이 녹록지 않습니다. 몇 가지 위험 요인 을 살펴보겠습니다.

첫째, 환경 문제입니다. 몇 년 전, 코에 플라스틱 빨대가 박혀 괴로워하는 거북이 영상이 화제가 된 적 있었죠. 그 후, 플라스틱은 환경을 오염시키는 주 범으로 낙인이 찍혔습니다. 전 세계적으로 플라스틱의 사용을 제한하는 움직 임이 거세게 일어났고, 한국을 비롯해 미국, 캐나다, EU 등 세계 각지에서 비 닐봉지, 스티로폼, 빨대 등의 사용 금지 규제안이 속속 통과되고 있습니다. 아직은 플라스틱을 대체할 만한 소재가 없고, 이미 우리 생활에 플라스틱이 광범위하게 쓰이고 있는 만큼 당장 큰 문제가 되지는 않겠지만, 장기적으로는 대비해야 할 숙제임이 분명합니다.

둘째는 정유 기업들의 석유화학 분야 진출입니다. 정제 마진만으로는 수익성 향상이 어려워진 정유 기업들이 석유화학 분야에 막대한 투자를 하고 있습니다. 에스오일은 석유화학 사업에 9조 2,580억 원을 투자하는 샤힌 프로젝트를 가동 중이고, GS칼텍스는 올레핀 생산을 확대하기 위해 MFC에 2조 7천억 원을 투자했습니다. HD현대오일뱅크 또한 롯데케미칼과의 합작사인 현대케미칼에 3조 원 이상을 투자하며 석유화학 산업의 비중을 높이고 있죠. 과거에는 정유 기업이 석유화학 기업에 나프타를 공급하고, 이 나프타를 기반으로 석유화학 기업이 기초 유분을 생산하는 동업 관계였다면, 지금은 기초 유분과 범용 플라스틱 분야에서 경쟁 관계로 바뀌었습니다.

세 번째는 중국 기업의 신·증설입니다. 우리나라 석유화학 산업의 최대 경쟁국은 중국입니다. 한때는 한국의 석유화학 제품들을 가장 많이 수입하는 국가였지만, 지금은 상당수의 제품들을 자체 생산하고 있습니다. 중국 기업들이 대규모로 설비 증설에 나서면 공급 과잉으로 가격이 크게 하락하는 등 변동성이 커집니다. 이런 이유로 국내 석유화학 기업들은 중국 기업의 증설 상황에 항상 촉각을 곤두세우고 있습니다. 이뿐 아니라, 중국 제품의 품질이 향상되어 이제는 한국 제품을 위협하는 수준에 이르렀습니다. 뒤에서는 중국과 오일 파워를 바탕으로 한 중동이 원가 경쟁력에서 우위를 점하고 있고, 앞에서는 미국과 일본이 고부가가치 시장을 선점하고 있는 상황입니다.

마지막은 미국의 셰일 혁명입니다. 셰일 혁명은 정유 산업뿐 아니라 석유화학 산업에도 큰 위협 요인입니다. 한국 기업들은 원유에서 나온 나프타를 기반으로 에틸렌을 만듭니다. 그런데 에틸렌은 셰일 가스의 주 성분인 에탄으로도 만들 수 있습니다. 심지어 에탄으로 만드는 게 더 간편합니다. 물론 C4 유분 등은 얻을 수 없어 아직까지는 나프타가 우위에 있지만, 언제든지 위협 요인이 될 수 있기에 그 추이를 잘 지켜볼 필요가 있습니다.

이러한 위협 요인에 맞서 국내 석유화학 기업들은 다음과 같은 방향으로 나아가고 있습니다.

첫째, 고부가가치 소재 및 친환경 소재의 개발입니다. LG화학은 열가소성 엘라스토머*를 독자 기술로 개발하였으며, 6개월~1년 내에 생분해가 되는 바이오 플라스틱 핵심 원료의 시제품 생산을 앞두고 있습니다. 롯데케미칼은 2030년까지 부가가치가 높은 스페셜티 소재 매출을 60%로 끌어올리는 것을 목표로 하고 있으며, 금호석유화학은 생분해성 NB 라텍스와 바이오 원료를 활용하는 그린 NB 라텍스 시제품 출시를 앞두고 있습니다. 이 외에도 많은 기업들이 고부가가치 제품과 친환경 소재 개발에 적극적으로 뛰어들고 있습니다.

둘째, 새로운 분야 진출입니다. 이미 글로벌 석유화학 기업들은 석유화학과 정밀화학을 거쳐 생명과학(의약·바이오 사이언스)으로 사업 영역을 넓힌 바

---

* 고무와 플라스틱의 성질을 모두 가진 고탄성 합성 수지입니다.

있습니다. 국내 기업들도 이러한 사례를 참고해 사업 다각화를 추진하고 있습니다. LG화학은 생명과학 사업과 더불어 자회사인 LG에너지솔루션을 통해 전기차 배터리 사업을 진행 중입니다. 현재 중국을 제외한 글로벌 배터리 시장에서 점유율 1위입니다. 또, SK케미칼은 제약 바이오 사업을, 한화솔루션은 신재생 에너지(태양광 셀&모듈) 사업을 함께 하고 있죠. 이 외에도 2차 전지 소재 사업에 진출한 SKC와 수소 에너지 사업을 추진 중인 롯데케미칼이 있습니다.

대한민국 석유화학 기업들은 석유 자원이 전혀 없는 척박한 환경 속에서도 놀라운 성장을 보여주었습니다. 충분한 역량이 있는 만큼 지금의 위기 역시 잘 헤쳐나갈 것으로 생각됩니다.

출간 이후 업데이트되는 정유·석유화학 소식은
QR 코드로 확인해 주세요.

1. 국내 나일론과 폴리에스터 이야기

1957년, 한국 최초의 나일론 생산 기업, 한국나이롱이 설립됩니다. 그리고 1969년에는 폴리에스터 생산을 위해 한국폴리에스텔이 만들어지죠. 1981년, 이 두 기업이 합병해 코오롱이 탄생합니다. 한편 1966년에는 동양나일론이 설립됩니다. 그리고 1973년, 동양폴리에스터를 세우죠. 훗날 이 두 기업이 합병해 탄생한 회사가 바로 효성입니다. 이렇듯 코오롱과 효성은 나일론에서 시작한 전통의 라이벌 기업입니다. 현재는 나일론뿐 아니라 슈퍼 섬유인 아라미드를 비롯해 다양한 합성 섬유 분야에서 치열한 경쟁을 벌이고 있습니다.

나일론과 연관된 회사로 항상 언급되는 기업이 하나 더 있습니다. 바로 카프로입니다. 지금은 경영 상황이 악화되어 어려움에 빠져 있지만, 오랜 기간 국내에서 나일론의 핵심 원료인 카프로락탐(CRPM)을 독점 생산해왔습니다. 카프로의 전신은 1969년 설립된 한국카프로락탐입니다. 아시아개발은행

(ADB)에서 돈을 빌려 국영 기업으로 출발했지만, 1974년 민영화되었습니다. 민영화 당시 나일론을 생산하는 코오롱과 효성이 1, 2대 주주로 참여했는데, 이후 카프로의 경영권을 두고 첨예한 신경전을 벌입니다. 현재는 효성이 빠지고 코오롱인더스트리가 1대 주주로 있습니다. 2001년, 사명을 현재의 이름인 카프로로 변경했습니다.

폴리에스터를 생산하는 기업이 여럿 있지만, 전통의 강자는 단연 SK그룹입니다. 1953년, SK그룹의 모태가 되는 선경직물*이 설립됩니다. 직물을 판매하는 이 회사는 '닭표 안감'이란 브랜드로 큰 인기를 얻습니다. 1969년에는 직접 원사를 생산하기 위해 선경합섬을 세웁니다. 이후 선경합섬은 국내 최초로 폴리에스터 원사와 아세테이트 섬유를 만들었으며 PET 수지 역시 최초로 생산하며 국내 대표 합성 섬유 기업으로 성장합니다.**

1973년, SK 그룹은 선경유화***와 선경석유****를 설립하며 정유 사업과 석유화학 사업에 뛰어듭니다. 섬유의 경쟁력을 갖추려면 원료가 되는 원유 단계에서부터 경쟁 우위를 확보해야 한다는 판단이었죠. 그리고 1980년, 당시 매출 1위 기업이던 대한석유공사(유공) 인수에 성공, 석유에서 섬유까지 수직 계열화를 달성하며 그룹 전체의 경쟁력을 키웁니다.

---

*   훗날 SK네트웍스가 됩니다.
**   선경합섬의 라이벌 기업으로 삼양사가 있는데, PET 원사는 선경합섬이 최초로 만들었지만, PET 수지는 삼양사가 최초라는 주장도 있습니다.
*** 훗날 SK이노베이션이 됩니다.
**** 훗날 SKC가 됩니다.

1988년, 선경합섬은 사명을 선경인더스트리로 변경하고, 이듬해 폴리에스터의 주요 원료인 DMT와 PTA 생산에 성공합니다. 그리고 1998년, SK케미칼로 다시 한번 사명을 변경하며 오늘날의 모습을 갖춥니다. 한편, 2000년 SK케미칼과 삼양사가 폴리에스터 섬유 부문을 합쳐서 만든 기업이 바로 휴비스입니다.

2. 글로벌 석유화학 기업 살펴보기

매출액 기준, 글로벌 석유화학 기업의 순위는 아래와 같습니다. 대한민국 기업인 LG화학이 8위에 랭크되어 있는 걸 볼 수 있습니다.

(억 불)

순위	기업	화학 제품 매출액	국가
1	바스프(BASF)	920	독일
2	시노펙(Sinopec)	669	중국
3	다우(Dow)	569	미국
4	사빅(SABIC)	488	사우디
5	엑슨모빌(ExxonMobil)	475	미국
6	이네오스(Inneos)	412	영국
7	포모사플라스틱(Formosa Plastics)	402	대만
8	LG화학(LG Chem)	402	한국
9	라이온델바젤(LyondellBasell)	395	네덜란드
10	페트로차이나(PetroChina)	383	중국

┃ 표 7-1. 화학 제품 매출액 기준 해외 기업별 순위(2022년 기준) ┃

① 바스프

#세계 최대의 화학 기업 #독일 대표 화학 기업

바스프(BASF)는 1865년 독일에서 설립된 세계 최대의 종합 화학 기업입니다. 시작은 인공 염료였으나, 1912년 합성 비료를 대량 생산하는 데 기폭제 역할을 한 하버-보슈 공정*을 주도하며 크게 성장합니다. 하지만 제2차 세계 대전 당시 독일의 전쟁 물자 생산에 참여하면서 전쟁 이후 어려움을 겪죠. 이후 1950년대에 발포 폴리스티렌(PS) 제품인 스티로폴을 개발해 큰 성공을 거두었고, 나일론을 비롯한 다양한 합성 제품을 생산하며 전후 독일 경제가 다시 일어서는 데 큰 역할을 합니다. 현재는 전 세계 약 350여 개의 공장에서 8,000여 개의 제품을 생산하고 있습니다.

② 다우

#미국 최대의 화학 기업

세계 3대 화학 회사로 독일의 바스프(BASF), 미국의 듀폰(DuPont)과 다우케미칼(Dow Chemical)을 꼽습니다. 2017년, 듀폰과 다우케미컬이 합병해 다우듀폰(DowDuPont)이 탄생합니다. 원래 2015년 합병을 결정했으나, 두 기업 모두 규모가 워낙 커 반독점 심사가 길어진 탓에 2년 뒤에야 합병을 마무

---

* 대학 교수였던 프리츠 하버(Fritz Haber)가 공기 중 질소를 이용해 암모니아를 합성하는 데 성공하고, 이후 바스프의 연구원이었던 칼 보슈(Carl Bosch)가 공장에서 대규모로 암모니아를 생산해내면서 합성 비료의 시대가 열립니다. 이렇게 합성 비료를 만드는 공정을 하버-보슈 공정이라고 합니다.

리 짓습니다. 이후 다우듀폰은 다시 세 개의 회사, 다우(Dow), 듀폰(DuPont), 코르테바(Corteva)로 분리됩니다. 현재 다우는 화학 소재, 듀폰은 특수 화학, 코르테바는 농업 화학을 주력으로 하고 있습니다.

③ 사빅

#원재료(석유)부자 #석유에서 플라스틱까지

사빅(Saudi Arabia's Basic Industries Corp., Sabic)은 사우디아라비아의 국영 화학 기업입니다. 자국의 풍부한 석유와 천연가스를 바탕으로 다양한 석유화학 제품을 생산합니다. 중동뿐 아니라 미국, 유럽, 아시아 태평양 지역 등 전 세계 50여 개 국가에서 사업을 진행 중이며, 매출액 기준 세계 4위, 중동 1위에 랭크되어 있습니다. 2020년, 아람코가 사빅의 지분 약 70%를 84조 원에 인수했습니다.

④ 이네오스

#영국의 화학 기업 #다양한 기업과 합작 회사 설립

이네오스(Ineos)는 영국을 대표하는 글로벌 종합 화학 기업입니다. BP의 자회사인 이노벤(Innoven)을 포함해 20여 개의 기업을 차례로 인수하며 사업을 확장해왔습니다. 국내에 있는 합작 법인으로는 롯데이네오스화학과 한국이네오스스티롤루션이 있습니다. 2023년, 중국 대표 석유 기업인 시노펙과 3.2조 원 규모의 합작 회사를 설립, 2024년부터 중국에서 에틸렌, HDPE, 폴리올레핀 등을 생산할 계획입니다.

⑤ 포모사플라스틱

#대만의 다국적 화학 기업 #아시아 최대 석유화학 기업

포모사플라스틱(Formosa Plastics)은 대만을 대표하는 다국적 화학 기업입니다. 1954년 플라스틱 사업에서 출발해 현재는 석유화학뿐 아니라 정유, 전자, 중공업, 자동차에 이르기까지 다양한 사업 부문을 거느리며 대만의 최대 그룹으로 성장했습니다. 우리에게 익숙한 대만 반도체 기업 난야테크놀로지(Nanya Technology)도 포모사 그룹의 자회사입니다.

⑥ 라이온델바젤

#폴리미래 대주주 #M&A로 글로벌 화학 회사로 발돋움

라이온델바젤(LyondellBasell)은 네덜란드의 대표 석유화학 기업입니다. 2007년 바젤폴리올레핀(Basell Polyolefins)이 라이온델케미컬(Lyondell Chemical)을 인수하여 라이온델바젤인더스트리즈(LyondellBasell Industries AF S.C.A.)라는 회사가 탄생했는데, 이 회사를 줄여서 라이온델바젤(LyondellBasell)이라고 부릅니다. 이 인수 합병을 계기로 글로벌 화학 회사로 발돋움했습니다. 유럽에 NCC, 미국에 ECC를 보유하고 있는데 ECC의 비중이 높습니다. 미국의 값싼 에탄 가스를 기반으로 해 상대적으로 마진이 높지만, 그만큼 에탄 가격에 영향을 많이 받습니다. 라이온델바젤이 국내에서 대림산업과 합작해 만든 회사가 폴리미래입니다.

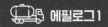

안녕하세요. 『진짜 하루만에 이해하는 정유·석유화학 산업』의 저자 배진영, 라병호입니다.

먼저, 이 책을 끝까지 읽어주신 독자 여러분께 감사 인사를 전합니다. 출간 계약을 하고 책으로 나오기까지 거의 3년에 가까운 시간이 흘렀습니다. 심혈을 기울인 만큼 독자 여러분에게 많은 도움이 되었으면 좋겠습니다.

원고를 멋진 책으로 엮어주신 티더블유아이지 출판사에게도 감사 인사를 전합니다. 덕분에 기대 이상의 책을 만들 수 있었습니다. 출간 전 크라우드 펀딩 플랫폼 텀블벅으로 후원해주신 분들께도 깊은 감사의 마음을 전합니다.

끝으로 항상 응원해주는 가족들에게 고마운 마음을 전합니다.

2024년

배진영, 라병호 드림

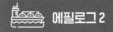

2018년의 겨울, 교수님과 술을 한잔하던 중에 갑자기 교수님께서 물어보셨죠.

"병호야, 요즘 뭐 재밌는 일 없어?"

"저랑 유튜브 한번 해보실래요?"

"유튜브? 대학 교수가 하는 유튜브를 누가 봐."

"대학 교수가 하니까 보는 거죠. 제가 스타로 만들어드릴게요."

유튜브 채널 〈플라스틱 읽어주는 배진영 교수님〉은 그렇게 탄생했습니다.

"그래, 어떤 주제로 할 건데? 고분자?"

"아니요. 석유화학부터 할 거예요."

"갑자기 웬 석유화학이야?"

"고분자는 학교에서 한 과목이라도 가르치잖아요. 그런데 석유화학은 제대로 된 수업 하나가 없어요. 우리나라에 석유화학 회사가 400개가 넘는데도 말이에요. 분명 학생들에게 도움이 될 거예요."

그때는 알지 못했습니다. 농담처럼 시작한 유튜브 채널이 멋진 책으로 이어질 줄은.

매년 취업 시즌이 되면 회사에 다니는 지인들로부터 '졸업하는 학생 중에 고분자 전공한 학생 있으면 추천 좀 해줘.'라는 부탁을 받곤 합니다. 하지만 전공은커녕 학생들은 제대로 된 강의조차 듣기 어려운 실정입니다. 고분자 강의가 대폭 축소되어 현재 학부 과정에서 접할 수 있는 고분자 강의는 기껏해야 두세 개에 불과합니다. 당연한 말이지만 고분자의 조상인 원유로부터 파생된 물질들을 다루는 정유 산업과 석유화학 산업을 접할 기회 역시 줄어들었습니다.

아쉬운 마음을 담아, 고분자에 관심이 있는 학생들에게 도움을 주기 위해 만들었던 유튜브 채널이 이제는 현업 종사자와 투자자들까지 찾는 채널로 성장했습니다. 이러한 관심이 석유화학을 넘어 고분자(플라스틱)까지 이어지길 바라며, 유튜브를 시청해주신 모든 분들께 심심한 감사를 전합니다.

프롤로그 **단일 공장 일일 원유 정제 능력**

　▸ 출처 : 각 기업 홈페이지

　한국의 주요 수출 품목

　▸ 출처 : 한국무역협회(KITA)

그림 1-7. **전 세계 원유 매장량**

▸ 출처 : Our World in Data

그림 3-1. **내연기관 자동차를 발명한 칼 벤츠**

▸ 출처 : http://www.zeno.org, ⓒ Zenodot Verlagsgesellschaft mbH

그림 3-2. **국가별 일일 원유 정제 능력**

　▸ 출처 : Energy Institute 발간 자료(Statistical Review of World Energy)

　단일 공장 기준 일일 원유 정제 능력 순위

　▸ 출처 : 각 기업 홈페이지

그림 3-30. **석유왕 록펠러**

▸ 출처 : http://www.iasc-culture.org, ⓒ Oscar White

표 4-1. **매출액 기준 글로벌 정유 기업 순위**

▸ 출처 : Statista(The Biggest Oil and Gas Companies in the World)

그림 5-1. **라부아지에의 『화학원론』**

▸ 출처 : 위키미디어커먼즈

- 나프타(Naphtha): 원유의 증류를 통해 생성된 끓는점 35-220℃ 범위의 탄화수소 혼합물입니다. 경질 나프타(끓는점 30-130℃)와 중질 나프타(끓는점 130-220℃)로 구분되고 NCC의 기초 유분으로 사용됩니다.
- 에탄(Ethane, C2): 파라핀계 탄화수소로 천연가스, 석유분해가스, 셰일가스 등에 포함되며 에틸렌의 주 원료, 화학 원료, 냉매, 연료 등으로 쓰입니다.
- 에틸렌(Ethylene, C2): 석유의 나프타·경유 또는 천연가스와 셰일가스의 에탄을 열 분해하여 제조합니다. 폴리에틸렌(PE), 에틸렌글리콜(EG), 폴리염화비닐(PVC), 스티렌(SM) 등 에틸렌 계열 제품의 원료이자 대표적인 석유화학 기초 유분입니다.
- 프로필렌(Propylene, C3): 나프타의 열 분해시 에틸렌과 병산, 중질유 분해 공정(RFCC)의 접촉 개질(Reformate Naphtha)로 휘발유와 함께 병산 및 프로판의 탈수소화 반응에 의해서 제조됩니다. 폴리프로필렌(PP), 아크릴로니트릴(AN), 프로필렌글리콜(PG) 등 프로필렌 계열의 기초 유분입니다.
- 부타디엔(Butadiene, BD, C4): 나프타의 열 분해시 부생되는 C4 유분의 추출·정제에 의해서 또는 부탄의 탈수소화 반응에 따라 제조됩니다. 스티렌부타디엔 고무(SBR), 니트릴부타디엔 고무(NBR), 부타디엔 고무(BR) 등 합성 고무와 아크릴로니트릴부타디엔스티렌(ABS), 부탄디올의 원료입니다.
- 벤젠 (Benzene, C6): 나프타의 열 분해시 에틸렌과 병산, 나프타의 접촉 개질, 톨루엔의 탈알킬화 반응에 의해서도 제조됩니다. SM, 카프로락탐(CPLM), 의약품·농약 등 각종 정밀화학 제품의 원료가 됩니다.
- 톨루엔(Toluene, C7): 나프타의 열 분해 및 접촉 개질에 의해서 벤젠, 자일렌 등과 함께 병산됩니다. 향료, 화약, 톨루엔디이소시아네이트(TDI), 사카린 등의 원료 및 용제(신나)가 됩니다.
- 자일렌(Xylene, 크실렌, Ortho-/Meta-/Para-Xylene 3종, C8): 벤젠, 톨루엔과 함께 나프타 개질유로부터 병산됩니다. 파라자일렌(PX)은 분리·정제되어 테레프탈산(TPA)과 디메틸테레프탈레이트(DMT)의 원료가 되며, 오쏘자일렌(OX)은 무수프탈산(PA), 메타자일렌(MX)은 이소프탈산(PIA)의 원료가 됩니다.
- 이염화에틸렌(Ethylene dichloride, EDC): 에틸렌과 염소(Cl2)로부터 제조되며, 대부분 염화비닐(VCM)의 원료입니다.
- 염화비닐(Vinyl chloride monomer, VCM): 이염화에틸렌(EDC)의 열 분해(HCl 또는 염산 제거 반응)에

의해 제조되며, 대부분 폴리염화비닐(PVC)의 원료입니다.

- 스티렌모노머(Styrene monomer, SM): 벤젠과 에틸렌으로부터 합성한 에틸벤젠(EB)의 탈수소 반응에 의해서 제조됩니다. 폴리스티렌(PS), SBR, ABS, 도료의 원료가 됩니다.
- 프로필렌옥사이드(Propylene oxide, PO): 프로필렌과 염소의 반응, 또는 프로필렌을 과초산이나 EB의 과산화물로 직접 산화하여 제조합니다. PG 및 PPG 의 원료가 됩니다.
- 아크릴로니트릴(Acrylonitrile, AN): 프로필렌을 암모니아 존재 하에서 산화시켜 제조하며, 아크릴 섬유(PAN), ABS, NBR, 탄소 섬유(CF) 등의 원료가 됩니다.
- 카프로락탐(Caprolactam, CPLM): 벤젠을 환원시킨 시클로헥산(CH)을 공기 산화하여 만든 시클로헥사논을 암모니아와 반응시켜 제조함. Nylon 6 섬유 및 수지의 원료이며 의복, 타이어 코드, 어망, 카페트 등에 사용됩니다.
- 테레프탈산(Terephthalic acid, TPA): PX를 산화하여 제조합니다. EG와 함께 축합 중합하면 폴리에스터(PET)를 얻게 되며 섬유, 보틀(페트병), 필름, 타이어 코드 등의 원료가 됩니다. TPA를 메탄올과 반응시키면 DMT를 얻을 수 있는데요, TPA와 동일하게 PET 등의 제조에 사용됩니다.
- 에틸렌글리콜(Ethylene glycol, EG): 에틸렌을 산화시켜 얻은 산화에틸렌(EO)을 물과 반응시켜 제조합니다. 부동액의 원료이며 TPA(또는 DMT)와 함께 PET 제조에 쓰입니다.
- 톨루엔디이소시아네이트(Toluene diisocyanate, TDI): 톨루엔을 원료로 하는 디니트로톨루엔(DNT)을 환원하면 톨루엔디아민(TDA)을 얻게 되고 이를 포스겐(Phosgen)과 반응하여 제조합니다. TDI는 PPG와 같이 중합되어 연질 폴리우레탄 폼 또는 페인트, 접착제, 실란트의 원료가 됩니다.
- 메틸렌페닐이소시아네이트(Methylene diphenyl isocyanate, MDI): 벤젠을 원료로 만들어지는 아닐린(Aniline)을 포르말린(Formaldehyde)과 반응시켜 산성 축합을 한 후, 포스겐과 반응시켜 제조합니다. MDI는 PPG와 같이 중합한 후, 경질 폴리우레탄 폼 또는 자동차 범퍼, 합성피혁, 스판덱스의 원료로 쓰입니다.
- 무수프탈산(Phthalic anhydride, PA): OX를 산화시켜 제조하며, 각종 가소제 및 불포화폴리에스터 수지, 염·안료 중간체 등의 원료가 됩니다.
- 무수마레인산(Maleic acid, MA): 벤젠의 직접 산화 또는 C4유분 중 부탄(또는 부타디엔)의 산화 반응에 의해서 제조되며, 불포화폴리에스터 수지, PVC 안정제, 도료, 가소제 등의 원료로 쓰입니다.

진짜 하루만에 이해하는
정유·석유화학 산업

초판 1쇄 발행 2024년 3월 6일
초판 3쇄 발행 2024년 12월 26일

지은이 배진영·라병호
펴낸곳 티더블유아이지(주)
펴낸이 자몽

기획총괄 신슬아
편 집 자몽·유관의
디자인 윤지은
일러스트 나밍
마케팅 자몽

출판등록 제 300-2016-34호
주 소 서울특별시 종로구 새문안로3길 36, 1139호 (내수동, 용비어천가)
이메일 twigbackme@gmail.com

ⓒ 배진영·라병호, 2024, Printed in Korea
ISBN 979-11-91590-24-1 (03320)